KB156090

필적유휘筆跡類彙 하下

일러두기

1. 이 책은 풍양조씨 문중 조남혁, 조용연 부자가 한국국학진흥원에 기탁한 『필적유휘』를 탈초 번역하고 짧은 해설을 단 것이다.

2. 원본인 『필적유휘』는 춘 · 하 · 추 · 동 · 사 · 시 · 절의 7책인데, 그 가운데 상권에서 춘 · 하 · 추 · 동 4책에 이어 하권은 사 · 시 · 절을 번역하였다.

3. 작품마다 이미지 · 탈초 · 번역 · 해설의 순서로 실었다.

4. 탈초는 표점을 하였고, 번역은 한글 전용을 원칙으로 하였다. 필요한 경우 한자를 병기하고, 각주의 경우 한자를 괄호에 병기하거나 필요한 경우 직접 노출하였다.

5. 원본이 우철로 되어 있으므로 이에 따라 이미지를 펼쳤을 때 왼쪽에서 오른쪽으로 배치하였다.

6. 글씨가 마멸 · 누락되거나 판독이 불가능한 경우 □로 처리하였다.

※ 필적유휘 외 많은 귀한 자료들을 한국국학진흥원에 기탁하여 주신 조남혁, 조용연 부자께 감사드린다.

필적유휘筆跡類彙 하下

조홍진 엮음

김순석 / 김정민 / 김주부 / 이기훈 옮김

景仁文化社

02 시時 ────────────────────────────

목차

03 절節

조선 명현 필첩 『필적유휘筆跡類彙(하)』
「사四」「시時」「절節」의 해제*

* 이 해제는 『국학연구』 38집(한국국학진흥원, 2019, 3)에 투고된 논문 일부를 수정·보완한 것이다.

** 한국국학진흥원 연구부 고전국역팀 전임연구원

1. 들어가는 말

2016년에 필자는 「조선 명현의 서화첩 『필적유휘筆跡類彙』 7첩에 대한 연구」를 발표하였고, 2017년도에는 『조선명현 서화첩 필적유휘(상上)』을 동학들과 번역하여 경인문화사에서 출판하였다. 아울러 이 번역본에는 필자가 쓴 논문을 일부 수정하여 「조선 명현 서화첩 『필적유휘』 해제」를 머리글 형식으로 번역본 앞에 실었다. 이때 논문은 『필적유휘』 전체를 다루었지만, 그 당시 번역이 『필적유휘』의 앞 4편(「춘」·「하」·「추」·「동」) 정도만 완성되어 전체를 다루었으되 간찰의 내용은 주로 이 번역된 4편을 위주로 하였다. 특히 이때는 이 첩의 내용과 더불어 이 간찰이 성리학사와 미학사에서 어떠한 의미를 가지는지 설명하였다. 이 해제는 『필적유휘(하)』의 성격과 맞추어 그때 중점적으로 다루어지지 못한 『필적유휘』 「사四」·「시時」·「절節」[01]에 대한 해석과 분석을 중심으로 한다.

그렇다 하더라도 『필적유휘』 전반에 대해서는 완전히 소개를 하지 않을 수 없다. 비록 짧은 소개라도 이는 이 첩으로 들어가는 길이기 때문이다. 『필적유휘』는 「춘」·「하」·「추」·「동」·「사」·「시」·「절」 총 7첩으로 구성되어 있으며, 각 첩마다 뛰어난 인물들의 글씨와 그림을 분류하여 편집을 하였다.[02] 이 『필적유휘』의 편찬 또는 편집자는 조홍진趙弘鎭(1743~1821)이다. 그의 자는 관보寬甫, 호는 창암愴嵒, 본관은 풍양豐壤이다. 그리고 이 첩들은 1796년 즈음에 완성되었다.[03] 조홍진이란 인물은 일반에게 그리 잘 알려진 인물은 아니나, 18세기 후반 서울에 살던 부호층의 소론이었다. 이 당시까지만 해도 소론은 조선의 예술을 본인들이 이끌고 나간다는 자부심이 있었고, 또한 겸재 정선 등의 노론계 예술인 등과 교류를 하며 후원도 하였다.[04] 조홍진은 선대의 학자

---

01 『필적유휘』는 본래 서화첩이다. 즉 글씨와 그림이 모두 수록되어 있는 책이다. 다만 『필적유휘』 「사」·「시」·「절」에는 그림이 없다. 그러므로 이 글에서는 필첩으로서 『필적유휘』를 다루고자 한다.

02 『필적유휘』 「春」은 '學行'과 '清士', '夏'는 '書法上', '秋'는 '書法下', '冬'은 '文人'과 '詩人', '四'는 '詞翰', '時'는 '名臣', '節'은 '名相'·'名節'·'勳臣'·'戚臣'·'武將'으로 구성되어 만약 이것을 '편'으로 따진다면 총 13편이 있다.

03 자세한 것은 졸고, 「조선명현서화첩 『필적유휘』 7첩에 대한 연구」(『국학연구』 제29집, 한국국학진흥원, 2016) 제2장이나 『필적유휘 상』(2017, 경인문화사) 해제를 참조하기 바란다.

04 박은순, 「謙齋 鄭敾과 小論系 문인들의 후원과 교류(Ⅰ)」(『온지논총』 제29집, 2010.)

는 물론 예술가들의 작품들을 수집하였다. 이『필적유휘』에 실려 있는 작가수는 211명, 작품수는 235종[05]인데, 조홍진은 이 몇 배의 작품들을 모았을 것으로 추정된다.[06] 사실 그렇게 해야만 자신의 취향과 학문적 성향에 맞는 학자나 예술가들의 작품을 분류할 수 있기 때문이다. 그는 정조 때 초계문신을 할 정도로 학문에도 뛰어났지만, 이와 함께 골동벽을 가지고 있었다.[07]

우리는 그 때문에 지금 이 작품을 볼 수 있다. 앞서 말했듯『필적유휘』「춘」「하」「추」「동」에 대해서는 이를 중심으로 쓴 글이 있기에 여기에서는 필요할 때 조금만 언급하고 곧장『필적유휘』「사」「시」「절」로 들어가겠다.

『필적유휘』「사」「시」「절」은 대부분이 원본의 초서 편지로 구성되어 있다. 약간의 시편도 있는데, 대략 절반은 다른 사람에게 증정하는 증시이고, 나머지는 순수하게 시를 쓴 것이다. 편집자는 의도를 가지고『필적유휘』「춘」에는 성리학자들의 작품을 넣었고,「하」와「추」에는 예술적 색채가 특히 강한 서화가들의 글과 그림을 넣었다.『필적유휘』「동」은 '문인文人'과 '시인詩人'들의 작품들로 그들의 글과 글씨 모두 뛰어나다. 하지만『필적유휘』「사」「시」「절」에 있는 작품도 사실 예술적 차원에서 수준이 낮은 것은 아니다.「사」「시」「절」에 수록된 사람들의 위상은 상당히 높으며 학술적으로도 일가를 이룬 이들이 대부분이다. 예를 들어 문장가를 모은「사」에는 김일손金馹孫으로부터 시작하여 채유후蔡裕後, 오도일吳道一 등의 작품이 수록되었고, 뛰어난 신하들을 모은「시」에는 안당安瑭, 이현보李賢輔, 곽재우郭再祐, 기자헌奇自獻, 박문수朴文秀 등의 작품이 수록되었으며,「절」에는 명재상의 작품으로 류성룡柳成龍, 김육金堉과 같은 이의 작품이 있고, 또 절개를 지킨 이로 길재吉再, 김상헌金尙憲 등의 작품이 수록되었으며, 훈신으로는 신숙주申叔舟, 척신으로는 김좌명金佐明, 무장으로는 이완李浣과 같은 사람들의 작품이 수록되었다.

이 글은 우선 이들 작품을 개괄적으로 설명하고자 한다. 물론 여기에서는 내용을 다룰 것이 아니라, 어떠한 사람들의 작품이 담겨 있는지를 살펴볼 것이다. 그리고 그 다음에 이들 작품 중 몇 가지를 뽑아내어 내용을 분석하되 당시의 역사적 상황을 함께 점검해 보려 한다. 그리고 마지막으로 이들 작품들의 문예성이나 예술성, 특히 글자의 작품성 등의 가치를 논해 보려 한다.

---

05 한 작품에 그림과 화제 등이 동시에 있는 것은 뺀 상태이며, 이를 더하면 작품수는 더 많아진다.

06 오세창이 모은『근묵』이 34첩 583점의 작품을 수록한 것과 비교해 볼 때 이 양은 결코 적은 양이 아니며, 필자의 추측이지만 조홍진이 오세창보다 더 많은 작품을 모았을 가능성도 있다. 그리고 풍양조씨 문중에는 시대를 확인은 못하였지만, 아직 상당한 양의 다른 필첩이 존재한다.

07『필적유휘』,「홍양호의 서문」, "학사 趙寬甫는 옛것에 뜻을 두고 글씨를 좋아하여 동방 명인들의 手跡를 널리 모았는데, 상하 수백 년 동안의 儒賢·才士·達官·高人 등의 편지를 두루 싣지 않음이 없었다."(趙學士寬甫, 志古而嗜書, 蒐羅東方名人手跡. 上下數百年之間, 儒賢才士達官高人, 無不備載.)

이러한 것들이 규명되면 이 작품들의 의의와 평가를 할 수 있을 것이다.

　앞서 말했지만『필적유휘』는 필자의 선행 연구는 필자가 쓴 한 편의 논문이 있으며,『필적유휘』「춘」「하」「추」「동」이『필적유휘(상)』이라는 제목으로 출간되었다. 이 글은 바로 선행 논문 또는 해제를 이은 후속의 글이다. 이 글에서는『필적유휘』에 실린 몇 작품들의 내용을 위주로 할 것인데, 여기에는 한 가지 문제가 있다. 즉 누구 작품을 뽑아서 예증으로 들 것인가 하는 것이다. 이에 대해서는 간찰류 가운데 대부분을 차지하는 한훤류寒喧類 간찰을 제외하고, 정치적 사건과 연관되거나 또는 청탁류의 간찰들 가운데 뽑을 것이다. 또한 글씨 자료는 감식안이 없는 필자의 관점에서도 생동감이 넘치며 필세가 있는 자료를 중심으로 하려 한다.

　다시 한 번 말하지만『필적유휘』에 실린 작품은 유일본이다. 선현들의 작품 세계를 직접 볼 수 있다. 이 때문에 글씨만 생동감 있을 뿐만 아니라 그 사람들의 삶 역시 생동감이 있다. 비록『필적유휘』는 조홍진이라는 사람에 의해 장첩되는 과정에 잘려 나가거나 오려 붙이면서 편집한 것이지만, 그의 큰 의도 역시 이를 다른 사람에게 보이기 위한 것이다. 즉 다른 사람이 선현들의 글을 함께 보고 감상할 기회를 갖고자 한 것이다. 우리는 이를 통해 여러 가지 학문적 사항을 추출할 수 있는데, 궁극적으로는 창작자와 편찬자의 심미안을 접할 수 있다.

2.『필적유휘』「사四」「시時」「절節」의 목록 구성

　『필적유휘』는 총 7첩으로 구성되어 있다.[08] 이 7첩의 명칭이「춘」「하」「추」「동」「사」「시」「절」이다. 이 가운데 이 번역본에 실린 것과 그 논의의 대상은「사」「시」「절」이다. 아래는 이 3첩의 표지 사진이다.

　08『필적유휘』7첩에 대한 전체 구성에 대해서는 졸고, 위의 논문을 참조하기 바란다.

〈『필적유휘』「사」「시」「절」의 표지 사진〉

　사실 이 표지만 보면 「사」「시」「절」의 기본적인 구성은 모두 파악할 수 있다. 「사」는 '사한詞翰'이고, 「시」는 '명신名臣'이며, 「절」은 '명상名相', '명절名節', '훈신勳臣', '척신戚臣', '무장武將'으로 구성되었음을 알 수 있다. 그리고 구성과 목차의 순서는 '인명'과 그 인물의 작품이다.

　이를 세부적으로 보자면 '사한'에는 총 21명 21작품[09]으로 구성되어 있다. 여기에는 문장이 뛰어난 이들의 작품을 수록하였는데, 모두 간찰 즉 '편지'이다. 여기에 담긴 21명의 21작품은 다음과 같다.

09　필자의 이전 졸고에서는 작품수와 창작자의 수가 일치하지 않기 때문에 지금은 이렇게 표현한 것이다. 「사」「시」「절」의 전체 장작자와 작품수는 100인 101작품이다. 김상헌의 작품이 2개이다.

1. 김일손金馹孫(1464~1498) 2. 유근柳根(1549~1627) 3. 이호민李好閔(1553~1664) 4. 이민구李敏求(1589~1670) 5. 조희일趙希逸(1575~1638) 6. 채유후蔡裕後(1599~1661) 7. 이명한李明漢(1595~1634) 8. 이소한李昭漢(1598~1645) 9 이일상李一相(1612~1666) 10. 이은상李殷相(1617~1678) 11. 강백년姜栢年(1603~1681) 12. 이단하李端夏(1625~1689) 13. 오도일吳道一(1645~1703) 14 박태순朴泰淳(1653~1704) 15 김수항金壽恒(1629~1689) 16 남용익南龍翼(1628~1692) 17. 심상정沈尙鼎(1680~1721) 18 임덕상林象德(1683~1719) 19 오광운吳光運(1689~1745) 20. 이정섭李廷爕(1688~1744) 21 이천보李天輔(1698~1761)

　　이상의 21명의 면모 혹은 특징을 살펴보면 우선 대제학(제학)이 많았다는 점이다. 대제학은 오늘날의 교육부 장관에 해당하는데, 문과를 필히 통과해야 하며, 또한 문명이 높았어야만 했다. 제학 또는 대제학을 지낸 이로는 이민구, 채유후, 이명한, 이소한, 이일상, 이단하, 오도일, 남용익이 있다. 특히 7~10은 연안이씨의 한 집안으로, 3대가 연이어 대제학을 역임하였다.[10] 이 외에도 성균관 대사성을 지낸 박태순, 성균관 사예를 지낸 이천보 등도 있다. 이들 가운데 시문이 뛰어난 이들도 사실 많다. 그런데도 이들을 '사한'에 포함시킨 것은 위의 사람들 가운데 한 명을 제외하고는 모두 문과 출신자들이다. 또한 이들 가운데 한 가지 특징을 더 들자고 한다면 임진왜란이나 병자호란에 명나라와 청나라에 사신으로 오가거나 사신을 접대한 사람들이 많다는 것이다. 일반적으로 알려져 있다시피 사신이나 접대관들은 모두 문장에 뛰어난 사람들이다. 아울러 이민구와 이정섭은 문명으로 뛰어나 명성을 떨쳤다. 이상으로『필적유휘』「사」'사한'에 대해 대략 살펴 보았다.

　　다음으로는「시」의 '명신'이다.「시」는『필적유휘』7첩 가운데 가장 많은 인물과 작품수를 담고 있는데, 총 46인 46작품이 수록되어 있다. 여기에는 간찰이 대부분이지만, 시를 써서 편지를 준 것도 있고 그냥 시만이 있기도 하다.

1. 안당安瑭(1461~1521)-증시 2. 신용개申用漑(1463~1519) 3. 이현보李賢輔(1467~1555)-증시 4. 이연경李延慶(1484~1548) 5. 이해李瀣(1496~1550) 6. 이중열李仲悅(1518~1547) 7 박순朴淳(1523~1589)-시 8. 이제신李濟臣(1536~1583)-시 9. 정철鄭澈(1536~1593) 10. 심희수沈喜壽(1548~1622) 11. 김부필金富弼(1516~1577)-증시 12. 곽재우郭再祐(1552~1617) 13. 한준겸韓浚謙(1557~1627) 14. 홍이상洪履祥(1549~1615) 15. 홍위洪葳(1620~1660)

---

10 특히 이명한의 경우, 아버지 월사 이정귀, 아들인 이일상이 연이어 대제학을 지냈다.

16. 김시양金時讓(1581~1643) 17. 김세렴金世濂(1593~1646) 18. 이덕형李德泂(1566~1645) 19. 서성徐渻(1558~1631) 20. 조경趙絅(1586~1669) 21. 정세규鄭世規(1583~1661) 22. 기자헌奇自獻(1562~1624) 23. 윤황尹煌(1571~1639) 24. 김상헌金尙憲(1570~1652) 25. 이경직李景稷(1577~1640) 26. 이경여李敬輿(1585~1657) 27. 오윤겸吳允謙(1559~1636) 28. 조익趙翼(1579~1655) 29. 조석윤趙錫胤(1606~1655) 30. 이경억李慶億(1620~1673) 31. 이시술李時術(1606~1671) 32. 윤문거尹文擧(1606~1672) 33. 윤원거尹元擧(1601~1672) 34. 박장원朴長遠(1612~1671) 35. 조복양趙復陽(1609~1671) 36. 윤지인尹趾仁(1656~1718) 37. 최석정崔錫鼎(1646~1715) 38. 조지겸趙持謙(1639~1685) 39. 한태동韓泰東(1646~1687) 40. 최규서崔奎瑞(1650~1735) 41. 이광좌李光佐(1674~1740) 42. 민진후閔鎭厚(1659~1720) 43. 박문수朴文秀(1691~1759) 44. 이광덕李匡德(1690~1748) 45. 조현명趙顯命(1690~1752) 46. 이종성李宗城(1693~1759)

　이상의 46명은 대부분 조정의 주요 직책을 거쳤고, 상당수는 정승의 반열에 올랐다. 이 가운데 문과 급제를 하지 않은 사람이 세 사람 있다. 한 사람은 김부필이고, 다른 두 사람은 장세규와 윤원거이다. 이 가운데 장세규는 음직으로 벼슬을 시작해 이조 판서에까지 오른 사람이다. 그런데 김부필과 윤원거는 학문과 덕행으로 벼슬에 추천되었지만 벼슬에 나가지 않은 사람이다. 그래도 윤원거의 경우 복제 예송 사건이 일어났을 때 남인을 옹호하다가 송시열宋時烈 계의 비판을 받았다. 어느 정도 국정에 참여하고 있었던 것이다. 그러나 김부필의 경우는 이와 다르다. 김부필은 아예 출사하지를 않았고, 고향인 안동 예안 오천에서 학문을 닦았다. 비록 두 차례 참봉직에 제수되었지만 출사하지 않았다. 그가 판서로 추증되고 시호를 받았다고 하지만 이 필첩이 완성된 이후인 1800년대의 일이다.[11] 필자의 생각에 이는 아마 이황과 관련되었기에 그러한 것 같다. 그런데 13의 한준겸과 14의 홍이상을 기점으로 그 이후 사람들은 대부분이 소론 계열의 사람임을 알 수 있다. 이상으로『필적유휘』「시」에 대해 살펴보았다.

　다음은『필적유휘』「절」인데, 앞서 말한 바와 같이 이「절」은 다시 다섯 개의 분류로 나뉜다. 그것은 '명상名相' 11인 11작품, '명절名節' 10인 10작품, '훈신勳臣' 6인 6작품, '척신戚臣' 4인 4작품, '무장武將' 3인 3작품, 총 34인 34작품이다. 그것을 소개하면 다음과 같다.

---

11 한국고전번역원, 김부필,『후조당선생문집』, 해제 참조.

'명상'

1 이준경李浚慶(1499~1572) 2. 이원익李元翼(1547~1634) 3. 이항복李恒福(1556~1618) 4. 이덕형李德馨(1561~1613) 5. 류성룡柳成龍(1542~1607) 6. 최명길崔鳴吉(1586~1647) 7. 정태화鄭太和(1602~1673) 8. 이경석李景奭(1595~1671) 9. 김육金堉(1580~1658) 10. 남구만南九萬(1629~1711) 11. 윤지완尹趾完(1635~1718)

'명절'

12. 길재吉再(1353~1419) 13. 원천석元天錫(1330~?)-시 14. 정온鄭蘊(1569~1641) 15. 윤집尹集(1606~1637) 16. 조한영曹漢英(1608~1670) 17. 김상용金尙容(1561~1637) 18. 김상헌金尙憲(1570~1652) 19. 정뇌경鄭雷卿(1608~1639) 20. 박태보朴泰輔(1654~1689) 21. 오두인吳斗寅(1624~1689)

'훈신'

22 신숙주申叔舟(1417~1475) 23. 홍서봉洪瑞鳳(1572~1645) 24. 김류金瑬(1571~1648) 25. 이귀李貴(1557~1633) 26. 원두표元斗杓(1593~1664) 27. 장만張晩(1566~1629)

'척신'

28. 김좌명金佐明(1616~1671) 29. 민정중閔鼎重(1628~1692) 30. 김만기金萬基(1633~1687) 31. 김주신金柱臣(1661~1721)

'무장'

32. 이완李浣(1602~1674) 33. 유혁연柳赫然(1616~1680) 34. 신여철申汝哲(1634~1701)

이 가운데는 한 가지 분명하게 밝혀야 하는 것이 하나 있다. 그것은 '명상'의 첫 번째 작품인 이준경의 작품에 관해서다. 편집자인 조홍진은 이 작품을 이준경의 작품이라 오독하였다. 실제 이 작품은 이황의 제자인 '정유일鄭惟一'의 작품이다. 필자의 생각에 이것은 조흥진의 감식안이 없어서 그런 것이 아니라, 많은 작품을 분류하다가 일으킨 오류로 판단된다. 정유일도 이준경 못지않은 학식과 필력을 지니고 있었기에 일으킨 오류인데, 이것으로 조흥진은 영남학자들의 많은 작품도 소장했음을 짐작할 수 있다. 그의 생각대로 이 자리에는 이준경이 꼭 들어가야 하는데,『필적유휘』안에서는 이준경의 실재 작품이 없다. 우선 여기에서는 편집자 조흥진의 의견을 따라 이준경의 작품으로 처리하되 본 논문의 3장 '간찰의 주요 내용들'에서 다시 이를 다루고자 한다.

3. 간찰의 주요 내용들

일반적으로 조선 시대 간찰은 한훤류寒暄類 편지와 토론류討論類 편지로 나뉜다. 토론류 편지는 이황과 기대승이 8년간 편지로 왕복하며 편지로 토론한 것이 그 대표이다. 그러나 조선 시대 간찰을 통틀어 보았을 때 토론류 편지는 상대적으로 적으며, 대부분은 '한훤류' 즉 상대의 안부를 묻는 편지이다. 『필적유휘』「사」「시」「절」의 모든 작품 수는 101편이다. 이들 작품들도 그 내용은 상당수 '한훤류'의 편지이다. 상대의 안부를 묻고 받은 편지와 선물에 대해 감사의 인사를 하며, 상喪이나 어려운 일을 당한 사람에게 위문하는 편지이다. 문안은 대부분의 편지에서 빠지지 않는다. 여기에서는 문안류 편지는 살피지 않겠다. 그럼에도 일반 종가의 간찰에서 쉽사리 볼 수 없는 편지도 있는데, 조정의 정책과 관련되거나 정치와 관련된 내용이 그것이다. 이는 작가들이 대부분 고위 관료를 지냈기 때문이다. 따라서 그들이 서로에게 부탁하는 내용도 간혹 정부의 인사나 행정 조치, 사소한 부탁에 대한 것이 있다. 또한 작가들은 기본적으로 문인이기에 시를 써서 특별하게 감정을 전하기도 하였다. 여기에서 101편의 작품을 다 소개할 수는 없고, 지금 논의한 분류에 근거하여 작품을 선정하여 나열적으로 살펴보도록 하겠다.[12] 또한 유일본의 초서 간찰은 작가의 의견을 그대로 썼기에 문집에 실린 것과 같은 편집과 교정이 없다. 이 점에서 내용을 파악하기 어려운 경우는 있지만, 이와 달리 가공되지 않는 생생한 자료를 얻는다는 점은 유일본 초서 간찰의 장점이다.

---

12 자세한 내용은 이 책『필적유휘(하)』에서 살펴볼 수 있다.

먼저, 이민구李敏求의 편지이다.

번거롭게 드릴 말씀은 길천군吉川君 권반權盼은……비록 사사로운 일에 관계되지만 이 늙은이의 호상護喪은 감영監營에서 처리하는 것이 마땅한 듯합니다.[13]

이는 1631년 이민구가 충청 관찰사 유백증俞伯曾에게 보낸 편지인데, 권반이 너무 가난하여 사정상 장례를 치를 수 없으니 관청에서 장례를 치러 달라는 것이다. 권반 역시 각 도의 관찰사를 역임하고 또 형조 판서를 한 인물이다. 더군다나 봉호까지 하사받은 인물이기에 관청에서 치르는 것이 옳다는 것이다.

다음에 볼 편지는 이명한李明漢의 편지이다.

지금 가는 늙은 승려는 금강산의 옛 친구입니다. 그 사람은 본래 황해도 사람인데 신광사神光寺의 주지 자리를 원하고 있습니다.[14]

이명한이 황해도 관찰사에게 보내는 편지인데, 이를 승려가 들고 갔는지, 아니면 다른 인편에 부쳤는지는 알 수 없다. 하지만 승려 임명권이 있는 관찰사에게 이 승려를 황해도 신광사에 꼭 임명해 달라는 부탁의 편지이다.

다음은 남용익南龍翼의 편지이다.

형이 나를 유독 곤란하게 하지 않을 줄을 진실로 잘 알고 있으나, 만약 내일 혹시라도 참망參望하라는 조정의 부름이 있다면 나아가지 못합니다.[15]

남용익이 몸이 아프니 조정의 업무에서 자신을 배제시켜 달라고 동료 또는 상관에게 요청하는 편지이다.

---

13 『筆跡類彙』,「四」, 이민구의 편지, "就中恐煩, 權吉川……雖涉私事, 此老之喪, 監營似宜."
14 앞의 책, 같은 곳, 이명한의 편지, "今進老沙門, 乃楓嶽舊伴也. 渠本海西人, 願爲神光持任."
15 앞의 책, 같은 곳, 남용익의 편지, "固知兄不偏困我, 而若於明日, 或有參望出牌之擧, 則不進."

다음은 박순朴淳이 지은 시인데, 자연과 벗 삼아 강산에 집을 지은 사람에게 준 시이다.

하늘이 좋은 강산을 만들어	天作好江山
수십 겁의 세월이 흘렀는데	海籌幾十屋
공이 지금 이 사이에 집 지어	公今廬此間
……	
도리어 우습네, 벼슬하는 사람이	却笑宦海人
저 사공을 만나 데려 달라 우는 것이	逢彼沙工哭

다음은 정철鄭澈이 백광훈白光勳(1537~1582)에게 보낸 편지인데, 여기에서 말하는 '긴 노래'는 「관동별곡關東別曲」인 것 같고, 이에 대한 교정을 부탁하는 글이다. 아울러 추신에서는 글자를 써 달라고 부탁하는데, 백광훈 역시 선조 당시 손에 꼽히는 서예의 명가였다.

긴 노래[長曲]는 흥에 겨워 지은 것으로 다시 고쳐 짓지 않아서 고칠 곳이 많습니다. 그대가 반드시 여러 날 읽어 보고 금수錦繡 한 조각을 내려 주셔서 그 값어치가 세 배 더 오를 수 있도록 해 주시는 것이 어떠하겠습니까.[16]

다음은 병 때문에 조정의 소명召命에 응하지 못하고 충청 감사 정태화鄭太和(1602~1673)를 통해 체직의 차자를 승정원으로 보내 달라는 김시양金時讓의 편지이다.

나는 병이 여전하여 소명召命에 응할 수 없어, 또다시 사직차자辭職箚子를 올려 현도縣道를 번거롭게 하여 위로 올립니다. 그러므로 감히 신 승지申

---

16 앞의 책, 「時」, 정철의 편지, "長曲乘興寫出, 不復點化, 多有可改處. 君須經日玩詠, 下得錦繡一段, 使之增三倍之價, 何如."

承旨에게 봉서奉書합니다.[17]

다음은 병조 참판에게 보내는 서성徐渻의 편지이다.

무장 현감茂長縣監 성여관成汝寬은 바로 노생老生의 5촌 조카입니다. 노모를 모시고 겨우 임관하였는데 병마절도사가 부서군赴西軍을 보내는 데 뒤처졌다는 이유로 허위 장계狀啓를 꾸미려 하였는데, 혹시라도 잡아오라는 명이라도 있을까 하여 종 한 사람을 빨리 보내 조정의 조치를 살펴보십시오. 모르겠습니다만 잡아오라는 명이 내려왔는지요? 관례대로 명이 내려왔다면 복제覆題에서는 무엇이라고 말하였습니까? 삼가 회답을 주시기 바랍니다.[18]

노모를 모시고 겨우 임관한 자신의 조카가 병마절도사의 미움을 받았는지 북방의 병사를 늦게 보냈다는 이유로 병조에 보고를 하려 하고, 이 보고가 들어왔고 또 어떤 판결이 있었는지를 묻고 있다. 사실 이 편지는 몹시 다급하였음을 독자에게 보여 주고 있다. 병조 참판에게 빨리 사람을 시켜 알아보고, 그것도 모자라 어떤 명령이 내려왔고, 또 그 판결이 어떻게 되었느냐까지 묻고 있다. 짧은 편지로 많은 내용을 말하였다.

다음은 병자호란에 관한 이경여李敬興의 편지와 조익趙翼의 편지이다.

오직 북문北門의 군은 문단속만을 믿으니, 나라를 위한 노년의 근심을 더욱 힘써 주실 것이 공사의 바람입니다.[19]

---

17 앞의 책, 같은 곳, 김시양의 편지, "讓病患如前, 不能赴召, 又上辭箚, 煩縣道上送, 故敢此奉書申承旨耳."

18 앞의 책, 같은 곳, 서성의 편지, "茂長成汝寬, 乃老生五寸姪也. 奉老母纔到官, 而兵使以赴西軍後, 期構虛狀啓. 恐有拿命. 爲走一力, 以探朝庭處置. 未委已下否乎. 如例下, 則覆題云何. 伏希回示."

19 앞의 책, 같은 곳, 이경여의 편지 "唯恃北門鎖鑰克壯, 幸爲國白憂, 益加勉勵, 公私之望也."

시사時事는 위태롭고 인심人心은 요동치니 끝내 무슨 변고가 있을지 모르고, 또한 어디가 모면할 만한 곳인지 모르겠습니다.[20]

이경여의 편지는 1636년 3월 19일에 보낸 것이며, 조익의 편지는 1636년 4월 20일 보낸 것이다. 이경여의 편지는 정확한 수신자가 밝혀지지 않았지만, 북방의 경계를 맡은 장군으로 여겨지는데, 경계와 수비를 잘 해 달라는 내용이며, 조익의 편지는 이미 민심이 요동을 쳐 이 사태를 어떻게 수습해야 할지 모르겠다는 것이다. 실제로 다른 기록에는 병자호란이 일어나던 해가 아니라 그 몇 해 전부터 서울 사람들의 피란이 시작되었다.

김육金堉의 편지는 조정의 실무에 대해서 논의하였다.

형께서 만 리나 되는 행차를 떠나신다니 매우 염려가 됩니다. 물품을 청구하는 서목은 지난번에 이미 보았습니다. 사행하시는 가운데 가장 절박하게 필요하고 모자란 물건을 다시금 상세히 알려 주신다면 형을 위해 미리 조치하여 올릴 생각입니다. 염료를 다루는 관리가 청대靑黛를 얻기 어려운 까닭에 이를 포포로 대신하고자 하니, 헤아려 처리하심이 어떠합니까.[21]

김육은 인조 때 우의정에 오르고 효종 때 영의정에 오르는데, 이 편지에는 연도가 없고 날짜만 있다. 내용으로 보아 김육이 젊었을 때 쓴 편지로 추정된다.

김상용金尙容의 편지는 일상적이지만 재미있는 편지이다.

제 여식이 남호학南好學 집에 혼사를 정하여 초겨울에 초녀醮女의 예를 행하려 합니다. 그런데 혼사 물품이 아무것도 없어 여식이 밤낮으로 슬피우니, 참으로 딱하고 가련합니다. 노비의 공선貢膳을 거두고자 종을 내려보냈으니 혼수를 힘이 닿는 대로 내려보낸 노비 편에게 보내 주시어 저를 구해 주시기를 간절히 바랍니다.[22]

---

20 앞의 책, 같은 곳, 조익의 편지, "時事艱危, 人心波蕩, 不知終有何變, 亦未知何處, 可等免也."
21 앞의 책, 「절」, 김육의 편지, "兄將有萬里之行, 爲之深慮. 求請之書, 頃已見之. 行中最切, 甚乏之物, 更爲詳示, 則爲兄豫措呈計. 染吏以靑黛難得之故, 欲作布以代, 量處如何."
22 앞의 책, 같은 곳, 김상헌의 편지, "寡女南好學家, 冬初將行醮女之禮. 凡具蕩然, 日夜悲泣, 極可憐愍. 欲收奴婢貢膳, 下送奴子, 婚需乞須隨力覓付進奴救濟, 切仰切仰."

이 편지는 1604년 편지인데, 이 당시 김상용은 정주 목사를 하고 있었던 때이다. 그런데도 혼수가 없어 울고 있는 딸이 가여워 지인에게 딸의 혼수를 부탁한 것이다. 이는 김상용의 청렴함은 물론 시집보내는 아비의 심정이 잘 담겨 있다.

이 밖에도 여러 의미 있는 편지들이 있으나 짧은 지면 관계로 다 소개하지 못하고 몇 편의 편지를 유형별로 살펴보았다. 그런데 2장의 목록 구성을 살펴볼 때, 이준경의 시詩 한 편이 잘못 들어갔다고 언급하였다. 그 까닭은 첫째, 이준경의『동고유고東皐遺稿』에서는 이 시를 찾을 수 없다. 이 시를 찾은 곳은 정유일鄭惟一의『문봉집文峯集』권1에서이다. 또한 김부륜金富倫의『설월당집雪月堂集』을 보면「단사협丹砂峽, 현감인 정자중의 시에 차운하다(次子中城主韻)」로 나와 있다. '자중'은 정유일의 자이며, '성주'는 수령이라는 뜻이다. 이 시에는 비록 날짜가 기록되지 않았어도 1568년에 쓴 것임을 알 수 있는데, 그때 정유일이 예안 현감을 지냈기 때문이다. 이 시는 퇴계 직전 제자들과 도산서원 근처인 낙동강 단사협에 노닐면서 적은 것이다. 사실 여기까지만 보더라도 이 시는 이준경의 시가 아니라 정유일의 시임이 확실해진다.

둘째, 왼쪽의 그림은 편집자가 배지하여 시를 붙이면서 배지 위에 '동고東皐'라고 적었다. 그런데 실은 '동고'라는 호는 월천月川 조목趙穆의 다른 호이다. 정유일과 조목은 매우 가까운 사이로 서로 창화를 하거나 차운하여 시를 적었다. 이 '동고'라는 것 때문에 편찬자 조홍진은 이 시를 '동고 이준경'의 시로 착각한 것 같다. 이렇게 정유일의 시를 이준경의 시로 오인한 것은 아마 여러 명이 시를 지을 때 지은 시들을 모아 시첩詩帖을 만드는데, 일반적으로는 시를 먼저 적고 그 아래 지은이의 이름을 쓴다. 아마 이는 '동고 조목'의 시 뒤에 지은이 '동고'라는 호가 적혀 있고, 이를 이어 정유일의 시가 있고 또 그 아래 '문봉'이라는 호가 적혀 있었을 것으로 추정된다. 그런데 조홍진은 앞 시의 지은이 호와 뒷 시를 연결하여 정유일의 시를 동고 이준경의 시로 잘못 본 듯하다. 이렇게 볼 때, 그 의문이 해소될 수 있다. 그러나 어찌됐든 조홍진은 이 시를 이준경의 시로 잘못 선정한 것이다. 이를 달리 보면 그는 영남의 필첩도 상당수를 소장한 것으로 추정된다.

4. 편집자의 역사 인식과 인물관

조홍진이 편찬한 『필적유휘』는 분명 역사서는 아니다. 그럼에도 우리가 그의 역사관을 파악하려는 것은 『필적유휘』가 기본적으로는 편년체적 방식으로 인물을 배치하고 있다는 점이다. 그럼에도 또한 『필적유휘』는 7편으로 나뉘었고 각기 학행學行, 서법書法, 문인文人, 신하臣下 등으로 구분하였기에 기전체의 방식도 지니고 있음을 확인할 수 있다. 이 장에서는 그의 학술관에 따른 역사 의식을 추출하려 한다. 그런데 편집자 조홍진의 역사 인식은 인물관으로 판단할 수밖에 없다. 그가 왜 특정한 인물의 작품을 어느 곳에 배치하였가 하는 것으로 정조 시대를 살았던 그의 역사관을 엿볼 수 있다.

그의 역사관은 기본적으로 유학적 역사관이다. 그는 역사의 모범으로 보여야 할 것으로 가장 먼저 '학행'과 '청사淸士'를 꼽았다. 이들의 학식과 덕이 바로 그 당대의 역사를 이끌었다고 보는 것이다. 유학의 '도道'가 어떻게 발흥하고 후대로 연결되는가 하는 것은 그에게 가장 중요한 문제였다. 이 논문은 기본적으로 『필적유휘』「사」「시」「절」에 관해 논의하는 것이지만, 『필적유휘』의 「춘」「하」「추」「동」도 빼놓을 수가 없다. 그의 역사 인식은 『필적유휘』를 통괄하여 보아야만 파악할 수 있기 때문이다. 그는 '학행'으로 조광조趙光祖와 이언적李彦迪으로부터 시작하였고, 뒤를 이어 성수침成守琛과 이황李滉을 배치하였다. 「춘」의 여덟 번째와 아홉 번째에 각기 이이李珥와 우계牛溪 성혼成渾을 배치하였다. 여기에서 그는 사림의 역사를 존중하였고, 또한 성수침과 이황을 짝을 지어 함께 묶어 놓음으로써 성수침의 위상을 높이려 하였다. 이렇게 한 까닭은 그가 바로 우계학파에 속하기 때문이다.[23] 심지어 그는 강화학파의 거두인 정제두鄭齊斗의 작품도 실었다. 이렇듯 그는 범 우계학파의 작품들을 모으려 하였고, 아울러 이황을 비롯한 초기 영남학파를 중시했다.

서법 부분(「하」「추」)에서 그는 명나라 학자인 축윤명祝允明·왕세정王世貞·주지번朱之蕃의 작품을 먼저 실었지만, 성수침과 이황의 작품을 각기 두 점씩 실었다. 물론 성수침과 이황 역시 명필이었던 것은 사실이나, 이것은 필법에 있어서도 도道를 싣는 것을 우선하겠다는 것이다. 그는 정치적으로는 소론이었기에 소론의 영수인 윤증尹拯 작품도 '학행' 부분과 '서법' 부분에 여러 편 안배하여 실었다.

---

23 이에 대해서는 졸고 「조선명현서화첩 『필적유휘』 7첩에 대한 연구」 제5장을 참조하기 바란다.

그럼에도 그는 예술을 학행의 다음으로 손꼽았다. 이것이 그의 역사관에 나타나는 특징이다. 『필적유휘』에는 예술 작품의 수가 57점이며, 여타 『근묵』·『선현유묵』·『전가보묵』 등 필첩류와 비교해 보면 비율적으로 가장 많다. 조홍진이 살았던 당시까지만 해도 서법과 회화는 중요하게 여겨지지 않았다. 이는 그 당시까지만 해도 화려한 것을 추구하는 것을 천시했기 때문이다. 「하」인 '서법 상書法上'은 그래도 유학자이면서 예술적 재능이 있는 사람을 담았지만, 「추」인 '서법 하書法下'에서는 1700년대의 대표적인 예술가들의 작품을 담았다. 여기에 담긴 인물들은 동국진체東國眞體의 거두인 윤두서尹斗緖의 회화와 그 회화에 대한 화제, 그리고 그의 아들 윤덕희尹德熙의 글씨와 그림, 조명교曺命敎, 윤순尹淳, 이의병李宜炳, 조영석趙榮祐의 글씨와 그림, 이광사李匡師의 여러 글씨 작품과 강세황姜世晃의 작품들이 들어 있다. 이런 식으로 볼 때, 유학의 도가 드러남을 기본적인 역사관으로 인식했지만, 그는 예술의 발전사 역시 중요한 역사관으로 인식을 하였다.

　다음으로 조홍진은 여전히 명나라를 중시하는 역사관을 가졌다. 이러한 역사관은 조선의 일반 유학자들이 공유하는 역사관이다. 그는 「시」 '명신名臣' 부분에서 임진왜란 당시의 영웅들도 기술했지만 그것은 비교적 적고, 대부분 청나라에 대항하거나 그 이후 절의를 지킨 사람들과 그들의 작품들을 상당수 배치하였다. 예를 들어 김시양金時讓은 이괄의 난과 정묘호란에서 활약을 했으며, 서성徐渻은 선조와 인조를 모두 호종하였고, 조경趙絅은 정묘, 병자호란 때 척화를 주장하고 심지어는 일본에 병력을 요청하여 청나라를 공격하자고 했으며, 정온鄭蘊과 윤집尹集, 그리고 김상헌金尙憲은 대표적인 척화론자이고, 이경직李景稷은 남한산성에 호종을 하였으며, 이경여李敬輿 등도 남한산성에 호종을 하고 심지어 심양에 잡혀가기도 하였다. 이런 인물들에 대한 소개와 그 작품들이 「절」의 '명상名相'과 '명절名節'에도 들어 있다.

　통틀어 보았을 때, 조홍진의 역사관과 인물관은 기존 한국 유학의 역사관과 크게 다르지 않다. 물론 학파나 정파의 입장에서 약간의 차이가 있을지라도 그 역시 '사림'의 역사를 우위에 두고 존중하며, 퇴계 이황을 위시한 성리학의 대가들을 존중한다. 적어도 우계학파이자 정치적으로 소론인 조홍진의 입장에서는 퇴계 직전 제자들까지 존중하여 그들의 작품을 담고 있다. 노론의 작품이라도 송시열宋時烈의 작품은 담고 있다. 다만 그에게서 특별한 것은 앞서 살펴보았듯이 예술사적 가치를 높였다는 점이다.

5. 글씨 평론과 문예 미학으로서의 가치와 의의

『필적유휘』「사」「시」「절」에 나오는 인물들은 주로 문장가들과 벼슬을 역임한 사람들이다. 문인과 시인은 「동」에 수록되어 있으므로 여기에서는 다룰 대상이 아니다. 그런데 「사」「시」「절」만 하더라도 상당히 많은 사람들의 작품들이 실려 있다. 그러나 여기에서는 편폭의 제한 때문에 유학자다운 글씨 작품과 글씨체가 약간 특이한 작품, 어느 정도 고풍을 지니고 있는 작품, 단세 작품만 뽑아 그들의 글씨와 문예를 살펴볼 것이다.

사실 이 부분은 거시적인 관점에서 다루어야 한다. 여기에 실린 작품을 분류하고 평론하며 각 작품마다 비교가 있어야 한다. 그러나 이 글의 한 개의 장으로 이를 연구할 수 없고, 또한 필자의 능력이 미치지 못한다. 따라서 여기서 말하는 문예 미학은 거창한 의미에서 철학과 미학의 미적 개념을 살피고 비평하는 것이 아니라, 그들의 창작에 사용된 몇몇 말들을 뽑아 이것 역시 미적 기준에 어느 정도 부합할 수 있겠다는 정도의 낮은 차원에서 논의하겠다. 아울러 글씨 평론에 있어서는 글씨를 직접 보여주어야 하는데, 편폭의 한계상 같은 작품에서 글씨와 문예 미학 등을 살피겠다. 먼저 김일손의 작품을 살펴보겠다.

오른쪽의 편지는 탁영 김일손(1464~1798)이 쓴 편지이다. 이 편지는 비록 오래되었으나, 그 글씨 자체는 매우 유려하게 쓰였다. 유려하다는 것은 초서의 서법을 완전히 따르면서도 전혀 눈에 거슬리지 않으며, 또한 연면체[24]를 사용하지는 않았지만 글씨의 크고 작음이 부드럽게 이어진다. '춘일화창春日和暢'(봄날이 화창하니)이라 하여 날씨를 먼저 쓰고 '복유도체청승伏惟道體淸勝'(학문하시는 체후가 좋으시리라 생각합니다.)이라고 썼다. 실제로 날씨와 상대방의 안부를 동일시하는 것은 옛날 편지의 투식이다. 그럼에도 상대를 나타내는 '도체道體'의 글자는 크고 시원하게 썼고 자기의 이름을 나타내는 '일馹' 자는 작게 썼다. 여기서 자신의 이름인 '일馹'을 작게 쓴 것은 상대를 높이고 나는 낮추는 예에서 비롯한 것이다. '춘일春日' 역시 마찬가지로 봄이라는 글자는 크게 쓰고 '일日' 자는 작게 썼다. 이 역시 봄을 강조한 것이다. 이

〈김일손의 편지〉

---

24 아래글씨와 윗글씨가 붓으로 서로 이어지는 것을 말한다.

글씨는 전반적으로 도학자의 글씨로 평가할 수 있다.

그 다음으로 "馹調病江上, 起居無伴, 只與一二從者, 或記言, 或詠懷, 以此自適耳."(저는 강상江上에서 병을 조리하며 짝할 이가 없이 살며, 다만 종자從子 한두 명과 함께 말을 기록하기도 하고 회포를 읊기도 하니, 이것으로 유유자적할 따름입니다.)라 하였다. 여기에서는 김일손의 글씨도 중요하지만 여기에 담긴 의미를 살펴볼 필요가 있다. 자신은 비록 병으로 강변에 홀로 살며 아무 짝할 이 없다는 말을 먼저 한다. 그렇게 혼자 살지만 종자 한두 명을 데리고 시와 문장을 지으며 유유자적한다는 것이다. 이 말은 마치 『논어』에서 증자(曾點)가 "늦봄 봄옷이 만들어지면 관을 쓴 사람 대여섯 명과 동자 예닐곱과 함께 기수에서 목욕하고 무우대에서 바람을 쏘이며 시를 읊다 돌아오겠다."[25]라는 흥취를 떠오르게 한다. 미학적 측면에서 증자의 경지는 상당히 높은 것으로 평가되며, 공자가 바로 이 점을 인정하였다. 비록 편지지만 봄, 종자, 시를 읊조림의 여러 미학적 관념이 한꺼번에 혼재되어 있는 것으로, 편지의 문두에서 이러한 표현을 했다는 것은 대단히 높게 평가할 만하다.

다음은 박문수(1691~1756)의 편지로, 위의 김일손 편지와 같이 일부분만 발췌한 것이다. 사실 이 편지는 글씨가 매우 복잡하게 쓰였으며, 문예 미학이라 평가할 수 있는 부분은 거의 없다. 하지만 박문수의 글씨는 매우 독특하다. 박문수의 편지는 남아 있는 것은 많지 않은데, 얼마 남아 있지 않은 편지도 모두 사진과 같은 글씨의 특색을 보인다. 이 편지도 초반에는 투식이 사용되었다. "戀甚中, 得承手札, 仰審秋雨餘, 勻候萬安, 甚慰甚慰."(매우 그리워하던 가운데 보내신 편지를 받고 가을비가 내리는 와중에서도 대감의 체후가 편안하시다는 것을 알게 되니, 제 마음이 참으로 위로됩니다.) 이 편지는 어떠한 것을 비유함이 없이, 사실을 그대로 적었다. 박문수의 글씨는 글자를 간략화하지는 않았지만 자유분방한 모습을 보인다. 자유분방하면 광초狂草와 같이 획을 과감히 생략하는데, 이 편지는 어떤 글자는 획을 생략한 것 같으면서도(예를 들어 둘째 줄의 手札仰審) 어떤 글자는 획을 다 적고 있다. 그래도 이 편지는 초서의 법식에서 어긋나지 않는다. 또한 연면체를 어느 정도 이용하였다.

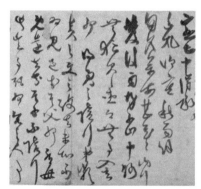

〈박문수의 편지〉

---

25 『論語』,「先進」, "暮春者, 春服旣成, 冠者五六人, 童子六七人, 浴乎沂, 風乎舞雩, 詠而歸."

문학적으로 볼 때, 이는 사실을 기초로 은유나 비유없이 직설적인 화법으로 말을 하고 있다. 앞의 인사말 이후의 글은 "內行發後, 雨勢不止, 中路無狼貝之患, 而無事入去耶? 得君之陪行, 弟嚴責之, 使之護去, 未知不爲見過於其父耶. 后母旣還去, 則其子不陪行, 此豈事理耶.(내행內行이 출발하신 후에도 비가 그치지 않았으니, 행차 도중에 아무런 낭패 없이 무사히 들어가셨습니까? 득군得君이 배행한 것은 제가 엄히 재촉하여 보호하여 가도록 한 것인데, 그 아비에게 질책이나 받지 않았는지 모르겠습니다. 후모後母가 이미 되돌아감에 그 아들이 모시지 않는다면, 이 어찌 사리에 합당하겠습니까.)이다. 사실 편지에서도 은유와 비유법은 상당히 많이 쓴다. 효와 불효, 이성과 비이성을 그는 완전히 구분하는 방식으로 말하였다. 이로써 박문수의 성격이 딱 부러진다는 것을 살펴볼 수도 있지만, 글씨에서는 자유미를 추구한다는 사실도 알 수 있다.

마지막으로 신숙주(1417~1475)의 편지를 살펴보겠다. 신숙주는 여기에 실은 이유는 그가 당대의 명필로 인정을 받았기 때문이다. 그의 해서는 고아하면서도 단아하다는 평가는 받으며, 또한 그의 초서는 송설체(조맹부체)의 화려한 면모를 간직하고 있다고 한다. 그런데 오른쪽 사진은 오래되어서인지 글자를 알아보지 못하는 것이 있다. 그럼에도 글자의 전모는 확인할 수 있는데, 그렇게 화려해 보이지는 않는다. 우선 내용에서 그 이유를 추측할 수 있다. 이 편지는 어느 부분을 발췌한 것이 아니라, 『필적유휘』에 실린 신숙주 편지 전체이다. 편지가 짧으므로 그 내용을 다 인용해 보겠다. "卽聞, 君慈闈失攝欠和, 不勝憂慮之至. 君欲得 □ □ □ 云, 以二丸行送. 鄕聞之, 陳皮在於崔令公貞夫家云, 從當請得送去也. 不具. 卽, □叔舟頓."(그대의 어머니께서 몸조리를 잘 하지 못하여 건강을 잃었다고 들으니, 걱정스런 마음을 감당하지 못하겠습니다. 군께서 ―원문 빠짐― 을 얻고자 하신다고 하였는데, 환약 두 알을 보내 드립니다. 지난번에 들으니 진피陳皮가 최정부崔貞夫 영공의 집에 있다고 하니 조만간 반드시 부탁하여 보내도록 하겠습니다. 갖추지 못합니다.) 국립중앙박물관 등에 소장되어 있는 신숙주의 글씨를 보면 글자가 예쁘고 단아하다. 초서 작품은 정말 송설체를 재현하였다. 그런데 이 편지는 글자가 전혀 예쁘지

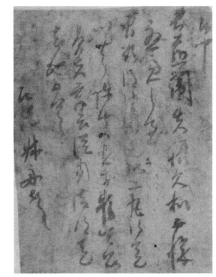

〈신숙주의 편지〉

않다. 어쩌면 졸박拙朴함이 느껴진다. 동양 미학에서는 졸박함을 더 높은 차원이라 생각하지만, 이 글씨가 졸박미를 드러내는지는 필자의 눈으로 볼 수 있는 경계는 아니다. 또 약을 구해 보겠다는 내용을 쓰고 있는데, 그것도 상대방의 편지 혹은 부탁을 받은 날 즉시 썼다. 여기에서 신숙주의 마음가짐을 읽을 수 있는 측면이 있다.

이상에서는 단 세 편의 편지밖에는 다루지 못하였다. 『필적유휘』에는 뛰어난 인물들의 작품이 많이 실려 있다. 사실은 각 인물마다의 작품을 모두 이렇게 다룰 수 있다. 이러한 평론은 이 논문의 과제는 아니지만, 후일의 연구로 미루어야 할 것 같다. 여기에서는 평론의 단초만 다루었다.

6. 나가는 말

이상에서 『필적유휘』「사四」「시時」「절節」을 중심으로 그 목록과 내용 및 역사적 의미, 그리고 간략하나마 글씨의 평론과 미학적 가치까지 다루어 보았다. 물론 『필적유휘』는 「춘」「하」「추」「동」「사」「시」「절」의 7편으로 이루어졌기에 필요할 경우 「춘」「하」「추」「동」의 네 편도 조금은 다루었다. 크게 볼 때, 『필적유휘』「춘」「하」「추」「동」은 성리학과 미학, 문장과 시학을 다루었고, 「사」「시」「절」은 성리학과 미학에서는 조금 멀어졌지만 당대의 문장가들과 명신들을 다루었다. 그래도 「사」「시」「절」에 담긴 인물들과 그 작품들은 성리학과 미학의 성격을 모두 담고 있다. 적어도 그들은 관료이지만 성리학적 소양과 글씨에 대한 필력을 갖추고 있기 때문이다.

조홍진이 『필적유휘』를 편찬할 때, 그는 그 표제와 수록된 내용에 이중적 의미를 담은 것으로 생각된다. 『필적유휘』「사四」는 '사한詞翰'들의 글을 수록하였다. 여기서 '사四'와 '사詞'는 발음이 똑같으므로 일부러 「사四」에 '사한'의 문장들을 수록한 것으로 보인다. 여기에는 대제학이나 중국 사신의 접빈사 등의 글이 많다. 즉 「사」에 실린 글들은 문장이 이렇게 되어야 한다는 모범을 보인 것이다. 마찬가지로 「시時」의 글들은 당시 혹은 당대의 명현들의 글을 모은 것이다. 이와 마찬가지로 「절節」은 절개를 지킨 인물들의 글을 수록하였다. 비록 『필적유휘』「춘」「하」「추」「동」의 글은 표제와 내용이 일치하지 않지만, 「사」「시」「절」에 수록된 글은 표제의 내용에 맞추어 편집을 한 것이다. 이 역시『필적유휘』를 바라보는 하나의 시각이 될 수 있다.

　　『필적유휘』전체를 논했을 때, 예술적 측면에서는 조선 초반의 글은 송설체이고, 이것이 점차 복고풍으로 이어져 왕희지王羲之체로 가는 모습도 볼 수 있다. 조홍진이 살았던 시기는 1700년대이다. 이때 조선에는 예술사적 전환이 있다. 화려한 송설체 대신 도道를 담을 수 있는 담박한 글씨로의 전환이 이루어진 것이다. 이것은 글씨에서만 이루어진 것은 아니다.『필적유휘』「추」의 경우를 볼 때, 동국진체東國眞體의 창시자이자 이를 발전시킨 인물인 윤두서尹斗緖의 글씨와 그림이 있다. 그는 조선의 예술에 있어서 17세기에서 18세기로 넘어가는 조선 화단의 거목이다. 그는 글씨도 잘 썼지만 그림도 잘 그렸는데, 그림의 주제가 일상의 농촌 풍경이었다. 즉 조선 후기 풍속화의 시초인 셈이다. 당연히 그의 그림은 김홍도金弘道와 신윤복申潤福 등에게 이어졌다. 이들의 화풍은 18세기와 19세기를 풍미하였다.

　　여기서 다시 조홍진의 역사관을 요약하자면, 그는「절」에서 청나라에 대한 주전파의 입장과 그들의 절개를 높이 평가하였다. 물론 주전파의 입장이 타당한 것은 아니지만, 적어도 그들은 자주 국방과 자주 외교를 지향하였다. 조선 후기의 소론과 남인들이 이 입장에 서 있었는데, 노론의 경우 온건 노선을 지지했음도 일부 사실이다. 조홍진이라는 인물을 볼 때, 그가 초계문신을 역임하였고, 또 정조正祖는 자주 개혁을 강조하였다. 이러한 두 사람의 입장이 어느 정도 맞아떨어지는 측면이 있다고도 볼 수 있다. 이 점은 초계문신의 역사관이나 예술관과 부합하였고,『필적유휘』를 볼 수 있는 단초가 될 것이다.

• 참고 서적

『筆跡類彙』, 한국국학진흥원 소장본.
김순석, 김정민, 김주부, 이기훈 번역, 『필적유휘(상)』, 경인문화사, 2017.
『논어』

박은순, 「謙齋 鄭敾과 小論系 문인들의 후원과 교류(Ⅰ)」, 『온지논총』 제29집, 2010.
이기훈, 「조선명현서화첩『필적유휘』7첩에 대한 연구」, 『국학연구』, 한국국학진흥원, 2016.

01

사 四

·사한 詞翰

南之德善內外游喪之後又不得

保其孤橫夭已是千

萬意哀之疾雖曰老篇

孝別指之誠豈不慟動神明特

此不懼方待回春之報還傳此記

痛哭⋯世間豈有如此慘禍莫非

吾儕之無祿士友之不幸也宣擧

子即當奔赴而兄長引期已迎

有名方以病故俱陳文字不得拔出

望雪涕痛怛奈何家賀豈心爲

賵品將本二疋孤二疋暑勖万

1. 김일손의 편지

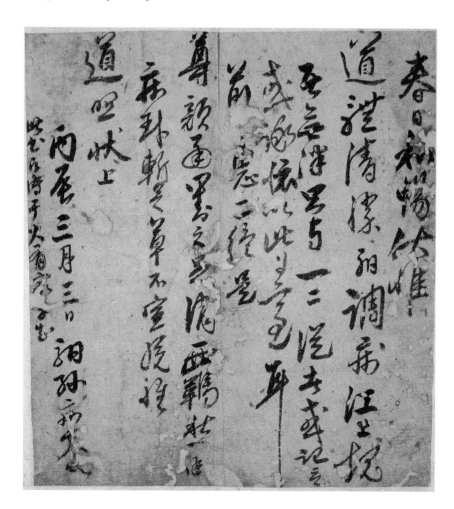

春日和暢, 伏惟道體淸勝. 馹調病江上, 起居無伴, 只與一二從者, 或記言, 或詠懷, 以此自適耳. 前惠二絶, 是尊顏承對之, 足消羈愁. 餘病臥蓐草, 不宣. 統惟道照. 狀上.

丙辰三月三日, 馹孫.

病不去,[01] 此書卽傳于大有家, 幸甚.

30

봄날 화창하니, 학문하시는 체후가 좋으시리라 생각합니다. 저는 강상江上에서 병을 조리하며 짝할 이가 없이 살며, 다만 종자從者 한두 명과 함께 말을 기록하기도 하고 회포를 읊기도 하니, 이것으로 유유자적할 따름입니다. 이전에 주신 두 편의 절구시는 존안尊顔을 뵙고 가르침을 직접 받는 것 같으니, 족히 나그네의 답답한 마음이 해소될 만합니다. 나머지는 병으로 잠시 몇 글자 적느라 더 이상 쓰지 못합니다. 너그러운 도道로 살펴 주십시오. 편지를 올립니다.

병진년(1496) 3월 3일
일손馹孫이

병으로 가지 못하니, 이 편지를 대유大有[02]의 집에 전해 주면 매우 다행이겠습니다.

해설

이 편지는 김일손金馹孫(1464~1498)이 선배 학자나 친척에게 쓴 것 같은데, 마지막 추록 부분에서 조카 김대유金大有의 이름을 언급한 것으로 보아 이 편지의 최종 수신처는 큰형인 김준손金駿孫이다. 김일손은 1496년 2월에 벼슬을 그만두고 낙향하였으며, 3월에 모친상을 당했다. 김일손은 김종직金宗直의 『조의제문弔義帝文』을 사초에 실었다가 국문을 받고 1498년에 죽었다. 이를 '무오사화'라 한다. 김일손의 자는 계화季雲, 호는 탁영濯纓, 본관은 김해이다.

---

01 不去 : 이 두 글자는 원문에서 파악이 되지 않지만, 문맥을 보고 추정하여 넣은 것이다.

02 대유(大有) : 김대유(金大有, 1479~1551)이다. 자는 천우(天佑), 호는 삼족당(三足堂), 본관은 김해이다. 아버지 김준손(金駿孫)은 김일손의 큰형이며, 그는 김일손의 조카이다. 무오사화 때 아버지와 함께 유배되었고, 1506년 유배에 풀린 후 소과와 대과에 급제하여 여러 벼슬을 하였다. 『탁영연보(濯纓年譜)』는 그가 지었다.

2. 유근의 편지

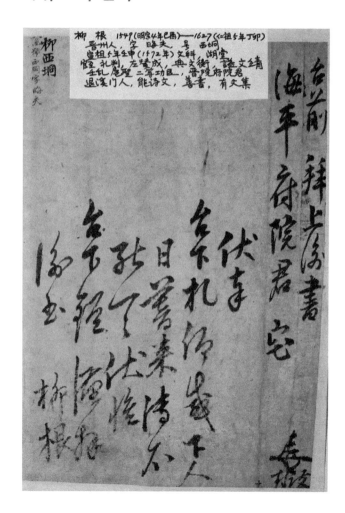

[피봉]

台前, 拜上謝書.

海平府院君宅.

(수결) 謹封.

伏奉台下札, 仰感. 下人日暮來傳, 不能一一. 伏惟台下鑑. 謹拜謝書.

柳根.

[피봉]

대감께 답서 올림.

해평부원군海平府院君 댁

(수결) 삼가 봉함

대감의 서찰을 받고 우러러 감동하였습니다. 하인이 해질녘에서야 와서 서찰을 전했기 때문에 일일이 이야기할 수 없습니다. 대감께서는 살펴주십시오. 삼가 답장을 올립니다.

유근柳根

해설

　유근柳根(1549~1627)이 윤근수尹根壽(1537~1616)에게, 편지를 받은 데 대해 감사의 인사를 하기 위해 보낸 편지이다. 편지에 아무 내용이 없으나 아마 편지를 전달한 하인에게 자세한 것을 말로 전했을 것이며, 짧게 적어 당일 바로 답장을 가지고 간 것으로 추측된다. 날짜가 기록되어 있지 않아 상세한 시기는 알 수 없고 다만 피봉의 기록으로 윤근수가 부원군에 봉작된 1590년 이후의 것임을 알 수 있다.

　유근의 자는 회부晦夫, 호는 서경西坰, 본관은 진주이다. 황정욱黃廷彧의 문인으로 1572년에 문과에 급제하여 1587년에 일본 사신 겐소[玄蘇]가 오자 선위사宣慰使로서 그를 상대하였다. 1601년에 예조 판서, 1603년에 충청도 관찰사를 지냈고 1604년에 호성공신扈聖功臣 3등에 녹훈되고 진원부원군晉原府院君에 봉해졌다. 이후로 좌찬성을 지냈다. 1627년 정묘호란 때 강화에 왕을 호종하던 중에 통진에서 죽었다. 시호는 문정文靖이다. 저서로 『서경집』이 있다.

　윤근수의 자는 자고子固, 호는 월정月汀, 본관은 해평海平이다. 윤두수尹斗壽의 아우이다. 1558년에 문과에 급제하였고, 1572년에 종계변무宗系辨誣의 일로 명나라에 다녀온 뒤 1590년에 그 공으로 광국공신光國功臣 1등으로 해평부원군海平府院君에 봉해졌다. 좌찬성을 지냈고 1604년에는 호성공신扈聖功臣 2등에 녹훈되었다. 시호는 문정文貞이다.

3. 이호민의 편지

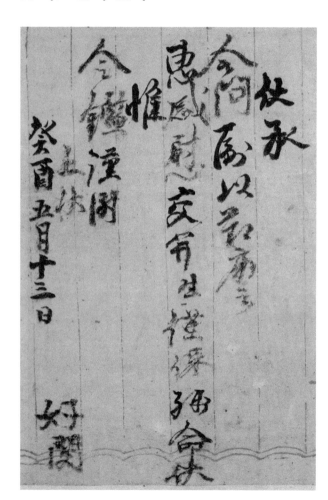

伏承令問, 副以節扇之惠, 感慰交幷. 生僅保殘命. 伏惟令鑑. 謹謝上狀.

癸酉五月十三日, 好閔.

영감께서 건강을 물으신 편지에 잇달아 단오절 부채를 받았으니 감격과 위로가 교차합니다. 저는 잔명을 겨우 보전하면서 지냅니다. 영감은 살펴 주십시오. 삼가 답장을 올립니다.

계유년(1633) 5월 13일
호민好閔이

해설

이 편지는 이호민李好閔(1553~1664)이 어느 관직에 있는 사람에게 쓴 편지로 수신인은 알 수 없다.

이호민의 자는 효언孝彦, 호는 오봉五峯 · 남곽南郭 · 수와睡窩 등이며, 본관은 연안延安이다. 1584년에 문과에 급제한 후 1592년에 이조 좌랑으로 임진왜란을 만나 의주까지 왕을 호종하였다. 명나라에 지원을 요청하여 이여송李如松이 이끄는 명나라 군대를 참전시키는 데 공헌하였다. 1599년 동지중추부사가 되어 사은사로 명나라에 다녀왔다. 1615년에 정인홍鄭仁弘 등의 원찬론遠竄論에 반대하여 7년간 교외에서 대죄待罪하였다. 인조반정 후 구신舊臣으로 우대를 받았다. 저서로『오봉집』이 있다.

4. 이민구의 편지

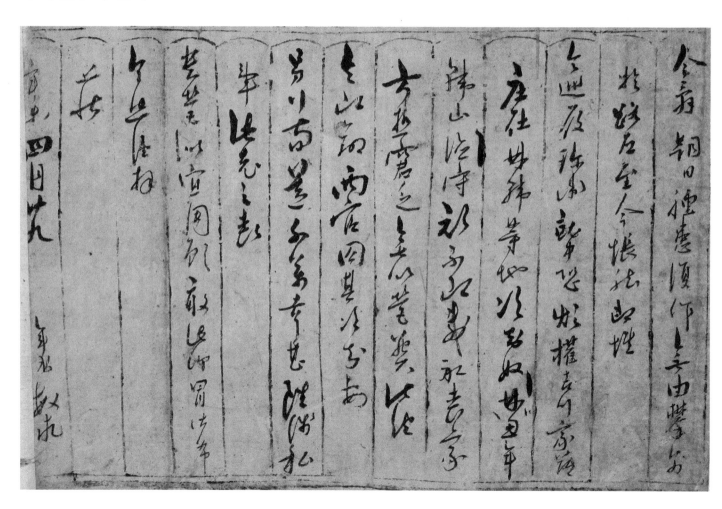

令辭朝日, 腫患復作, 無由攀別於路左, 至今悵然. 卽惟令巡履珍衛. 就中恐煩, 權吉川家薄庄, 在林韓等地, 次知奴, 林川思年, 韓山德守, 頑不卽載. 初喪家方極窘乏, 無以營葬. 伏望令卽命兩官, 囚其次知安, 另行南送, 千萬幸甚. 雖涉私事, 此老之喪, 監營似宜, 罔顧敢此仰冒. 伏希令照. 謹拜上狀.

辛未四月卄九, 年弟敏求.

영감께서 조정을 떠나시던 날 저는 종기가 다시 도져 길에서 손을 잡고 이별하지 못하여 지금까지도 몹시 섭섭합니다. 요즘 영감의 순찰사 정무가 진중珍重하시리라 생각됩니다. 번거롭게 드릴 말씀은 길천군吉川君 권반權盼[03] 집안의 척박한 전장田庄이 임천군林川郡과 한산군韓山郡 등지에 있는데, 차지노次知奴[04]인 임천의 사년思年과 한산의 덕수德守가 완악하게도 즉시 실어 보내지 않았습니다.

초상初喪난 집은 지극히 궁핍하여 장례를 치룰 수 없습니다. 삼가 영감께서 즉시 양쪽 관아에 명하여 그 담당하던 안씨安氏를 구금한 뒤 특별이 남쪽으로 호송해 주시면 천만 다행이겠습니다. 비록 사사로운 일에 관계되지만 이 늙은이의 호상護喪은 감영監營에서 처리하는 것이 마땅한 듯하여, 헤아려 보지 않고 이에 감히 무릅쓰고 올립니다. 영감께서 살펴 주시기 바랍니다. 삼가 절하고 편지를 올립니다.

신미년(1631) 4월 29일
연제年弟[05] 민구敏求가

03 권반(權盼, 1564~1631) : 자는 중명(仲明), 호는 폐호(閉戶), 본관은 안동이다. 광해군 때 경상도 관찰사가 되어 지방 행정을 잘 다스려 '길천군'에 봉해졌으며, 그 뒤 나주 목사, 함경도 · 경기도 · 충청도의 관찰사를 역임하였다. 내직으로 옮겨 형조 판서를 지냈다. 서화에도 능하였다.

04 차지노(次知奴) : 원래는 상전을 대신하여 형벌을 받는 하인인데, 여기서는 주인의 농사를 맡아 보던 노비나 소작농의 우두머리인 것 같다.

05 연제(年弟) : 같은 해에 과거에 급제한 사람끼리 상대방에게 자신을 낮추어 부르는 자칭(自稱)이다.

해설

　이민구李敏求(1589~1670)가 43세 때인 1631년 4월에 충청도 관찰사 유백증兪伯曾(1587~1646)에게 보낸 편지이다. 이민구는 1612년에 유백증과 함께 문과에 급제하였다. 길천군吉川君 권반權盼(1564~1631)이 1631년 4월 12일 훈도방薰陶坊에서 질병으로 세상을 떠났다. 그러나 집안이 극도로 가난하여 감영에서 장례에 도움 주기를 부탁하였다. 권반의 옛날 전장田庄이 충청도 임천군林川郡과 한산군韓山郡에 있는데 완악한 종들이 소출을 보내지 않아 수감하여 호송해 주기를 부탁하였다.

　이민구의 자는 자시子時, 호는 동주東州, 관해옹觀海翁, 본관은 전주이다. 1612년 문과에 장원하였다. 대사성과 이조 참의 등을 지냈다. 신익성申翊聖, 이경석李景奭, 이명한李明漢 등과 교유하였다. 용주 조경, 미수 허목과 함께 근기남인의 시맥詩脈을 개척한 문인이다. 저서로『동주집』이 있다.

　유백증의 자는 자선子先, 호는 취헌翠軒, 충경忠景, 본관은 기계杞溪이다. 1612년 증광 문과에 이민구와 함께 동방 급제하였다. 1623년 인조반정 때 공을 세워 정사공신靖社功臣 3등으로 기평군杞平君에 봉해졌다. 1631년 충청도 관찰사를 역임하였다. 저서로는『취헌소차翠軒疏箚』가 있다.

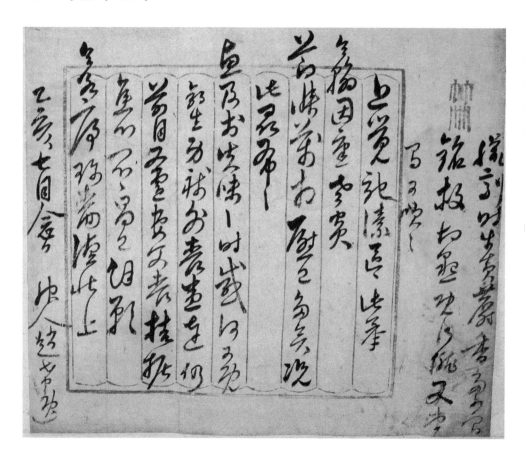

近覺馳溱區區, 此承令翰, 因審老炎節候萬相, 慰已多矣. 況此尋常之惠, 及於失味之時, 感何可旣? 命生身病外, 喪患連仍, 前月又遭妻父喪, 拮据焦心, 悶悶曷已. 餘願令若序珍勝. 謹狀上.

乙亥七月念日, 服人趙希逸.

臘劑時, 牛黃蔚香, 多少間銘救切懸. 旣得隴又望蜀, 可笑可笑.

요사이 그리워하는 마음 간절하였는데, 이렇게 영감의 편지를 받고서 늦더위가 기승을 부리는 계절에 두루 평안하심을 알고는 많은 위로가 됩니다. 하물며 이렇게 예사롭지 않은 먹을거리를 입맛을 잃어버린 때에 주시니, 감동됨이 어찌 끝이 있겠습니까? 저는 몸에 병든 것 외에도 근심스런 상喪이 연달아 닥치는데, 지난달에는 또 장인의 상을 당해 온통 마음을 태우니, 답답한 회포를 어찌 다하겠습니까. 나머지는 영감께서 계절에 따라 편안하고 건강하시기 바랍니다. 삼가 답장을 올립니다.

을해년(1635) 7월 20일
복인服人 조희일趙希逸이

납제臘劑[06] 때 쓸 우황과 울향을 다소간 간절히 구합니다. 이는 이미 농隴 땅을 얻고서 또 촉蜀 땅을 구하려는 것이니,[07] 우습고 우습습니다.

해설

이 편지는 조희일趙希逸(1575~1638)이 쓴 편지로, 수신자는 알 수 없다. 조희일은 자가 이숙怡叔, 호는 죽음竹陰 또는 팔봉八峰, 본관은 임천林川이다. 1602년에 문과 급제하고 1606년 명나라 사신 주지번朱之蕃이 왔을 때, 유근柳根과 함께 사신을 영접하였다. 저서로는 『죽음집』이 있다.

---

06 납제(臘劑) : 납월, 즉 12월에 만든 약을 가리키는데, 우리나라에서는 납일(동지 후 세 번째 미일)에 만든 약을 왕이 가까운 신하나 지밀나인에게 나누어 주던 일을 말한다.
07 이는……것이니 : 이 문장은 득롱망촉(得隴望蜀)의 고사를 인용하였다. 즉 이미 농 땅을 얻었는데 촉 땅까지 빼앗으려 한다는 의미로 계속 욕심을 부리는 것을 비유한다.(『三國志』)

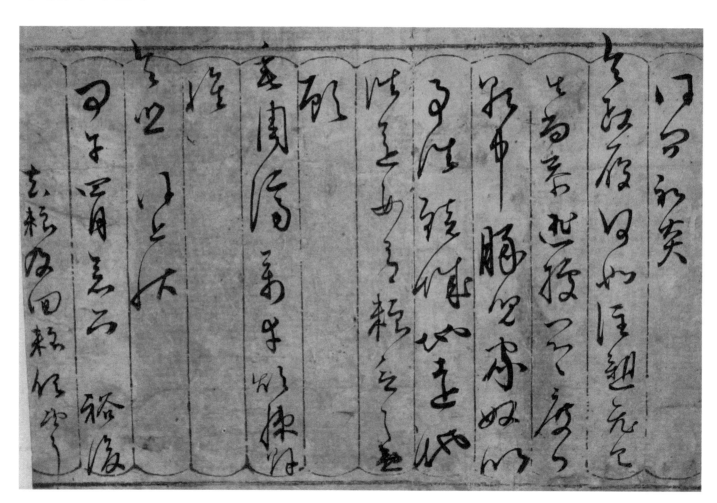

謹問初炎, 令政履何如? 注懇無已. 生尙泰逃據, 悶悶度日. 就中, 豚兒家奴, 以事往鏡城地. 遠地往還, 如有粮乏之患, 願垂周濟萬幸. 煩悚. 餘惟令照. 謹上狀.

甲午四月念六, 裕後.

去粮及回粮俱望耳.

초여름에 영감의 정무를 보는 생활이 어떠하십니까? 그립기 그지없습니다. 저는 아직도 직책을 외람되이 차지한 채 피해 있으며[08] 민망스럽게 날을 보내고 있습니다. 드릴 말씀은 저의 아이와 종이 일로 경성鏡城 땅에 가는데 먼 곳에 왕래하는지라 양식이 모자랄 우려가 있으니, 바라건대 두루 구제해 주시면 매우 다행이겠습니다. 번거롭게 해 드려 죄송합니다. 살펴 주십시오. 삼가 올립니다.

갑오년(1654) 4월 26일
유후裕後가

갈 때 양식과 올 때 양식을 모두 주시기를 바랍니다.

---

08 직책을……있으며 : 채유후는 1654년 3월에 대사헌을 제수받고 피해 있으면서 사양하는 상소를 거듭 올리고 있었다.

해설

　1654년 4월 26일, 채유후蔡裕後(1599~1660)가 어떤 관리에게 부탁을 하기 위해 보낸 편지이다. 자식이 함경도 경성鏡城에 왕래하므로 행차에 필요한 음식을 부탁하였다. 편지를 받는 사람은 함경 감사 이응시李應蓍(1594~1660)일 가능성이 있다.

　채유후의 자는 백창伯昌, 호는 호주湖洲, 본관은 평강平康이다. 채난종蔡蘭宗의 증손이다. 1623년에 문과에 급제하고, 1653년에 대제학, 1654년에 대사헌, 1658년에 이조 판서를 지냈다. 1659년에 성절사聖節使로 청나라에 다녀왔다. 시호는 문혜文惠이다. 저서로 『호주집』이 있다.

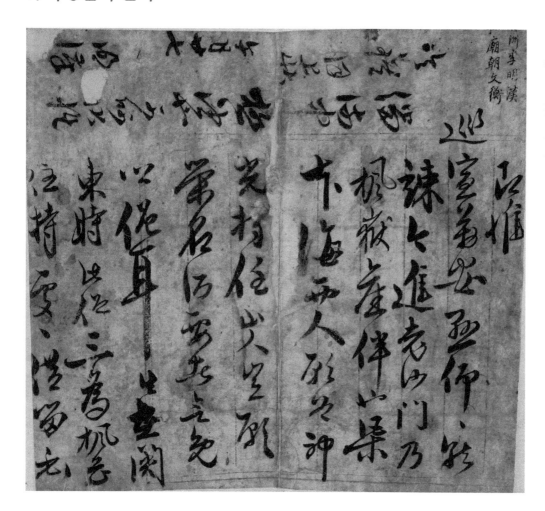

卽惟巡宣萬安? 懸仰懸仰. 就諫, 今進老沙門, 乃楓嶽舊伴也. 渠本海西人, 願爲神光持任. 山人豈願榮名? 所要者欲免鄕僧耳. 生在關東時, 此僧三爲楓岳住持, 處處借留, 緇流中極望也. 可呵. 伏惟令體. 謹上狀.

午月廿七, 明漢.

다스리시는 안부가 평안하십니까? 매우 우러러 그립습니다. 죄송스럽게 드릴 말은, 지금 가는 늙은 승려가 금강산의 옛 친구입니다. 그 사람은 본래 해서海西 사람인데 신광사[09]의 주지 자리를 원하고 있습니다. 승려가 어찌 명예를 원하겠습니까? 요구하는 바는 시골 승려나 면하고자 하는 것일 뿐입니다. 제가 관동에 있을 때[10] 이 승려가 수차례 풍악의 주지였는데, 곳곳의 사람들이 계속 연임하기를 바라였으니 승려들 중에는 극도로 명망이 있는 사람입니다. 우습습니다. 영감의 건강을 빕니다. 삼가 편지를 올립니다.

5월 27일에
명한明漢

해설

이명한李明漢(1595~1634)이 황해도 관찰사에게 보낸 것으로 추정되며, 자신이 은혜를 입어 잘 알고 있는 노승을 신광사의 주지로 삼아 달라고 부탁하기 위해 보낸 편지이다.

이명한의 자는 천장天章, 호는 백주白洲, 본관은 연안이다. 1616년에 문과에 급제하였고, 광해군 때 인목대비仁穆大妃의 폐모론이 일어났을 때 참여하지 않아 파직되었다. 1623년 인조반정 뒤 경연시독관經筵侍讀官에 임명되었고, 1641년에 한성부 우윤을 거쳐 대사헌·도승지·대제학·이조 판서 등을 역임했다. 병자호란 때의 척화파라 하여 1643년에 이경여李敬輿·신익성申翊聖 등과 함께 심양에 잡혀가 억류되었다가 이듬해 세자 이사로 소현세자昭顯世子와 함께 돌아왔다. 시와 글씨에 뛰어났으며, 척화파로 심양에 끌려갈 때의 의분을 노래한 시조 6수가 전한다. 저서에 『백주집』이 있다. 시호는 문정文靖이다.

---

09 신광사 : 황해도 벽성군 서석면에 있던 절이다.
10 관동에 있을 때 : 이명한은 1639년, 1640년에 강원 감사를 지내며 금강산을 유람했다.

8. 이소한의 편지

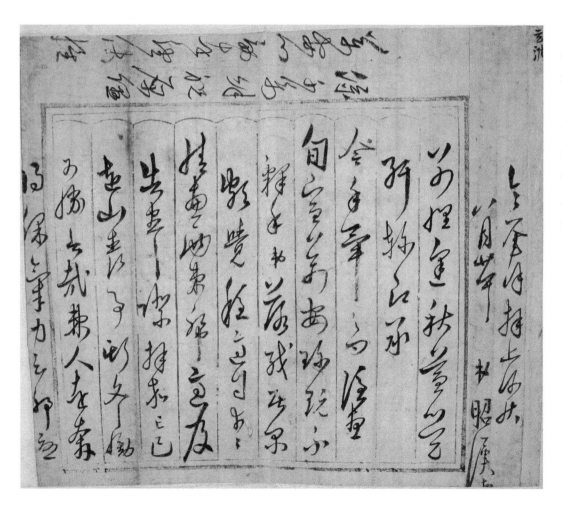

別懷逢秋, 益覺紆軫. 卽承令
手畢之問, 憑想旬宣萬安, 珍玩
不釋手. 弟落職居閑, 頗覺穩適,
自幸自幸. 情惠兩束之紙, 適及
告盡之際, 拜扣亡已. 連山喪事,
斯文之慟, 可勝言哉. 棘人遠奔,
得保氣力云耶. 憂係千萬. 餘祝
原濕萬安, 以副遠望. 伏惟令察.
謹拜上謝狀.

八月廿四日, 弟昭漢頓.

이별의 회포는 가을이 되니 더욱 울적합니다. 영감께서 손수 쓰신 문후의 편지를 받고 관찰사의 직무가 모두 편안하다는 것을 알게 되니 편지를 만지작거리면서 손에서 놓지 못하였습니다. 저는 관직에서 물러나 한가하게 지내는 것이 자못 온당하다 느끼니 매우 다행스럽습니다. 온정으로 내려 주신 두 묶음의 종이는 마침 다 떨어졌을 때 이르렀으니, 수만 번 절을 올립니다.

연산連山의 상사喪事는 우리 유학의 애통함이니 이루 다 말을 할 수 있겠습니까? 부모상을 당한 사람이 먼 곳으로부터 소식을 듣고 돌아옴에 기력이나 보전할 수 있겠습니까. 걱정이 정말 천만 가지입니다. 나머지는 감영의 정무를 보심에 평안하여 멀리서 바라는 마음에 부응하시기를 바랍니다. 영감께서 헤아려 주시기 바랍니다. 삼가 절하고 답장을 올립니다.

8월 24일
제弟 소한昭漢 올림

해설

이소한李昭漢(1598~1645)이 충청도 관찰사에게 답장한 편지이다. 편지를 작성한 연도와 수신인을 알 수 없어 자세한 사실 관계는 파악하기 어렵다.

이소한의 자는 도장道章, 호는 현주玄洲, 본관은 연안이다. 아버지는 대제학을 지낸 월사月沙 이정귀李廷龜이고, 형 백주白洲 이명한 李明漢과 조카 청호靑湖 이일상李一相 역시 대제학을 지냈다. 1621년 병과에 급제하였다. 진주 목사·예조 참의·승지 등을 역임하였으며, 1642년에 세자시강원 우부빈객 겸 동지중추부사로 심양瀋陽에 볼모로 가는 소현세자를 호종하였고, 47세 때인 1644년에 귀국하여 형조 참판 겸 비변사 유사당상이 되었다. 저서로는 『현주집』이 있다.

9. 이일상의 편지

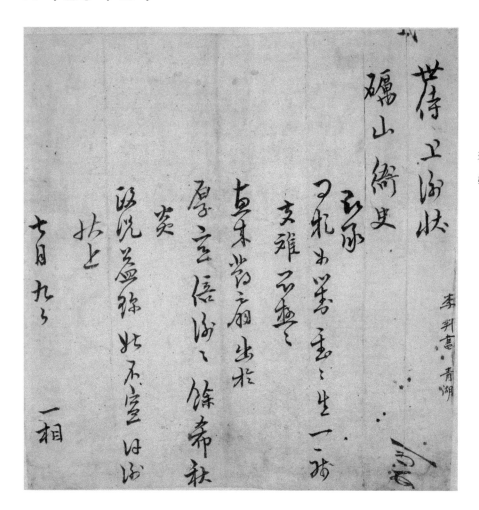

[피봉]

世侍上謝狀

礪山衙史 (수결)

　卽承問札, 如對慰慰. 生一病支離, 悶極悶極. 惠
來節扇, 出於厚意, 倍謝倍謝. 餘希秋炎, 政況益珍.
姑不宣. 謹謝狀上.

　七月九日, 一相.

[피봉]
세시생世侍生이 올리는 답장
여산礪山[11] 관아에 (수결)

안부 편지를 받고서는 마치 얼굴을 대하는 듯 위로가 되었습니다. 저는 한 번 병 들어 지리하게 끌고만 있어 매우 답답합니다. 보내신 단오 부채는 두터운 뜻에서 나온 것이니, 매우 감사드립니다. 나머지는 가을 더위에 정무政務를 보시는 정황이 더욱 좋으시기 바랍니다. 예를 갖추지 못합니다. 삼가 답장을 올립니다.

7월 9일
일상一相이

해설

이는 이일상李一相(1612~1666)이 쓴 짧은 편지이다. 수신자와 연도 표기가 되어 있지 않아 더 많은 정보를 알 수는 없다. 이일상은 자가 함경咸卿, 호는 청호靑湖, 본관은 연안이다. 할아버지가 이정귀李廷龜이고, 아버지가 이명한李明漢인데, 3대에 걸쳐 대제학을 역임한 것으로 이름이 높다. 그는 겨우 17세인 1628년 문과에 급제하였다.

---

11 여산(礪山) : 지금의 전북 익산의 여산면을 가리킨다.

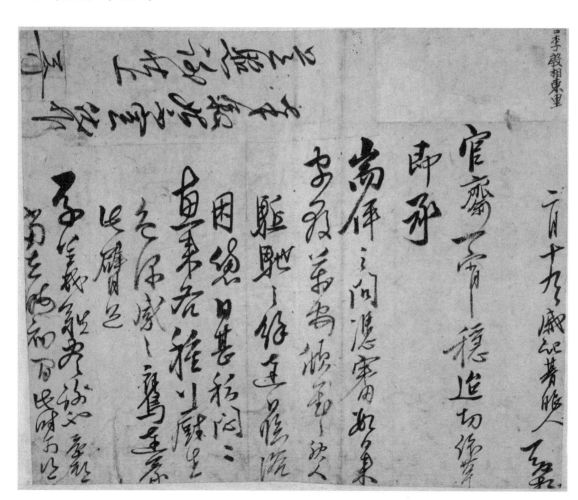

官齋一宵之穩, 追切依莘. 卽承尚伴之問, 憑審數日來, 家履萬安, 傾慰慰. 服人驅馳之餘, 連日臨浴, 困憊日甚, 私悶私悶. 惠來各種行廚生色, 深感深感. 鷹連蒙此臂送, 厚義難盡謝也. 還期, 當在晦初間, 此時可得奉敍. 姑不宣. 伏惟量照. 謝狀上.

(수결)

二月十九日, 戚記碁服人, 殷相.

관아에서 하룻밤 묵으며 정을 나누었던 것이 지금까지 절실히 마음에 남아 있습니다. 심부름꾼이 전하는 편지를 받고 그간 며칠간의 집안의 안부가 편안함을 알고서 그리운 마음 위로가 되었습니다. 저는 달려온 나머지 연일 목욕을 했더니 피곤하기가 날로 심하여 매우 답답합니다. 행차에 주신 각종 음식은 매우 감사합니다. 매를 받았으니 후의를 다 답하기 어렵습니다. 돌아오는 것은 그믐이나 다음 달 초 사이에 있을 것인데 이때 뵙고 회포를 풀겠습니다. 서식을 펴지 못합니다. 삼가 살펴주십시오. 답장을 올립니다.

(수결)

2월 19일

척기戚記 기복인碁服人 은상殷相이

해설

모년 2월 19일, 이은상李殷相(1617~1678)이 인척에게 보낸 편지이다. 상대방의 후의에 고마운 마음을 전하였다. 행차에 필요한 음식과 매를 보내준 것에 대해 감사하였다. 책 편집 시에 책면 안으로 넣기 위해 편지를 재단하여 오려 붙였다.

이은상의 자는 열경說卿, 호는 동리東里, 본관은 연안延安이다. 이정귀李廷龜의 손자이며 이소한李昭漢의 아들이며 이일상李一相의 사촌이다. 1651년에 문과에 급제하여 1666년에 대사간, 1668년에 도승지를 지냈다. 송시열宋時烈이 유배당하게 되자 벼슬에 나가지 않았다. 시호는 문량文良이다. 저서로는 『동리집』이 있다.

11. 강백년의 편지

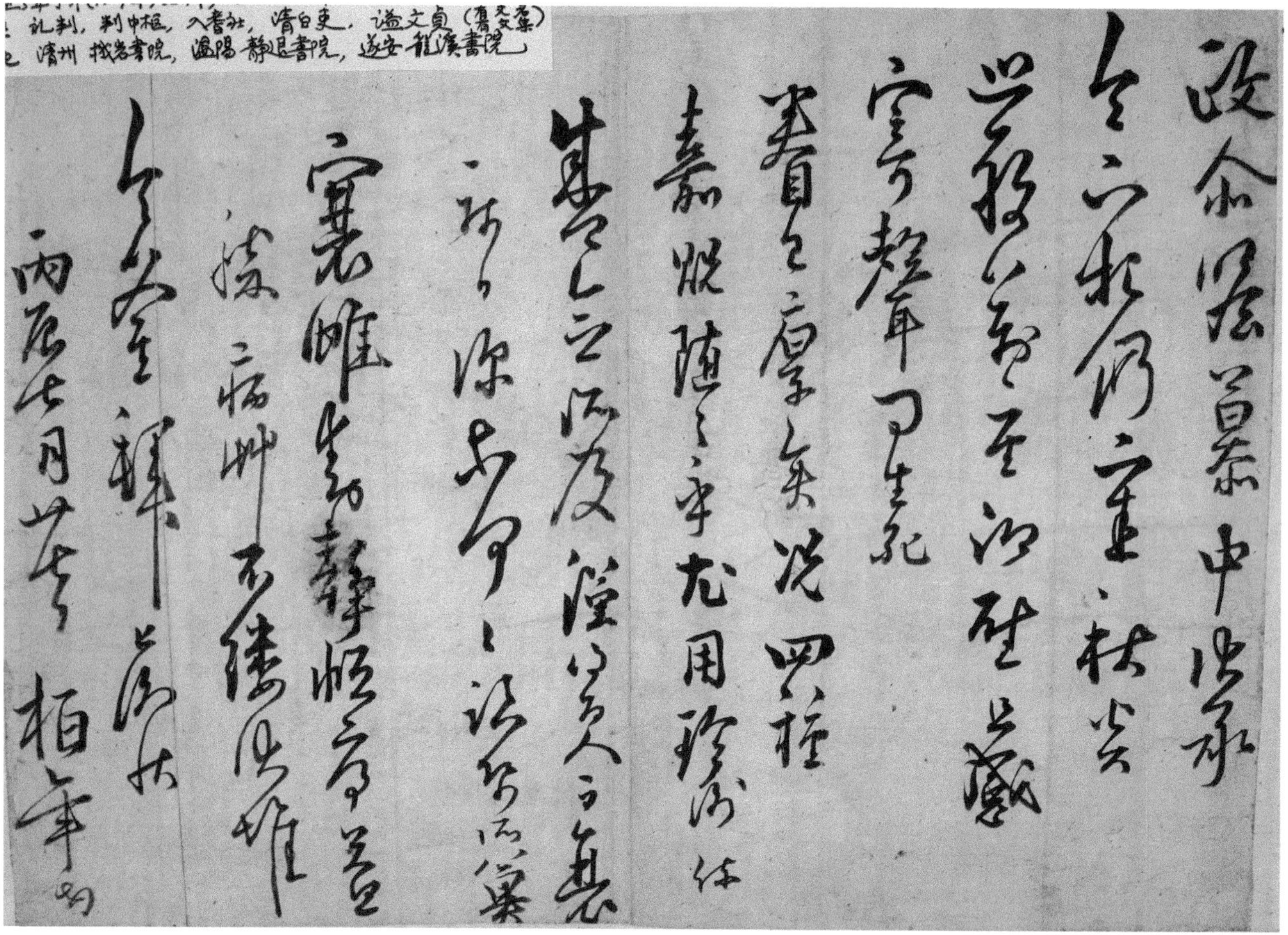
記判, 判中樞, 入耆社, 淸白吏, 謚文貞
溫陽 靜退書院, 遂安 龍溪書院

柏年

政爾瞻慕中, 伏承令下札, 仍審秋炎, 巡履萬重, 仰慰且感. 寄聲問生死, 眷已厚矣, 況四種嘉貺隨之乎! 尤用珍謝. 僕盛念所及, 僅得爲人, 而衰病日深, 奈何奈何? 臨昏所冀, 襄帷動靜, 恒序益勝. 病艸不縷. 伏惟令量. 拜候狀.

丙辰七月卄七日, 栢年頓.

　실로 앙모하던 중에 보내 주신 편지를 받고 가을 더위에 순찰하시는 안부가 좋으신 줄 알았으니 위로되고 감격스럽습니다. 편지를 전하여 생사를 물으며 돌봐 주시는 은혜가 이미 두터운데 하물며 네 가지의 좋은 물건을 따라 보내 주시다니요! 더욱 감사합니다.

　저는 깊이 생각해 주시는 덕분에 겨우 사람 구실을 하고 있는데 쇠약한 병이 날로 심하니 어찌 하겠으며 어찌 하겠습니까? 편지를 쓰며 오직 순찰하시는 정무에 항상 더욱 평안하시기를 바랍니다. 병중에 쓰는지라 낱낱이 적지 못합니다. 헤아려 주십시오. 절하고 올립니다.

병진년(1676) 7월 27일
백년栢年이 올림

해설

　강백년姜栢年(1603~1681)이 관찰사에게 보낸 것으로 수신인이 어느 지역 관찰사인지는 분명치 않다. 그의 자는 숙구叔久, 호는 설봉雪峯·한계閑溪·청월헌聽月軒 등이고, 본관은 진주이다. 1627년에 문과에 급제하여 정언正言·장령掌令 등을 지냈다. 충청도 관찰사와 강원도 관찰사를 지낸 후 1660년 동지부사冬至副使로 청나라에 다녀오기도 하였다. 편저인 『한계만록閑溪謾錄』과 약간의 시문이 들어 있는 『설봉집』이 있다. 그는 1690년 영의정에 추증되었고, 청백리에 피선被選되었다.

12. 이단하의 편지

向日, 拜一書送于家兄所, 俾入京遞. 繼送小紙于和兄所, 而先送書失傳爲嘆. 前月旬日, 令下書過二十日傳到山間. 承審潦暑, 令按候萬福, 披豁顏喜, 無以復喩. 示教謹悉. 又見銀川使君書, 家兄事得以好樣措處, 可無後處, 此非令兄通議, 俾蓋補塞, 何以致此. 感拜萬萬, 不知攸謝. 弟宿患, 苦無寧帖時, 又覺衰謝日甚. 何能久於世 而復與親舊, 會面也. 近與和口兄, 同處一山中, 時得相從, 此爲幸耳. 雅貺卄笏陳玄, 四束石魚, 謹領珍荷. 多少懷事, 非紙幅可悉. 惟令兄爲國自愛, 對時加護而已. 伏惟令下照. 謹拜謝狀上.

丙辰八月初三日, 病弟端夏頓.

지난번 편지를 써서 가형家兄이 있는 곳에 보내 서울로 들어가서 편지를 전달하도록 하였습니다. 이어서 별지를 화형和兄이 있는 곳에 보냈으나 먼저 보낸 편지가 실전되어 한탄스럽습니다. 전달 10일에 당신께서 주신 편지가 20일이 지나서 산간山間에 도착하였습니다. 이어 장마와 무더위에 당신이 안찰하는 정무가 평안함을 알고 가슴이 시원해지고 얼굴이 펴지는 기쁜 심정을 말할 수 없습니다.

하신 말씀은 잘 알겠습니다. 또한 은천銀川 수령이 보낸 편지를 보았는데, 가형의 일이 이처럼 좋게 조처되어 뒤탈이 없게 되니, 이는 영형과 함께 논의하여 위를 가리고 새는 곳을 막지 않았다면 어찌 그럴 수 있었겠습니까. 참으로 감사하여 어찌 사례할 바를 모르겠습니다.

저는 숙환으로 조금도 편할 때가 없으며, 또한 나날이 쇠약해짐을 느끼는데, 어찌 세상에 오래 살아 다시 친구와 만나겠습니까. 근자에 화口和口 형과 함께 산중에 살면서 때때로 서로 따르니, 이것을 다행으로 여길 따름입니다.

선물로 주신 먹[陳玄] 20개와 조기 네 두름 등의 진귀한 물건은 삼가 내려 주신 대로 잘 받았습니다. 가슴속에 있는 많은 사연은 종이에 모두 표현할 수 없습니다. 삼가 형께서는 나라를 위해 자신을 아끼시고 매일 건강에 더 유의하시기를 바랄 뿐입니다. 형께서 살펴 주십시오. 삼가 절하며 답장 편지를 올립니다.

병진년(1676) 8월 3일에
병이 든 단하端夏가 올림

해설

이 편지는 이단하李端夏(1625~1689)가 52세 때인 1676년에 쓴 편지이다. 수신자가 표기가 되어 있지 않아 더 많은 정보를 알 수는 없다.

이단하의 자는 계주季周, 호는 외재畏齋, 본관은 덕수德水이다. 1662년 문과에 급제하였다. 북평사北評事 등을 거쳐 1668년 교리로 경서교정청經書校正廳의 교정관이 되었다. 1681년 홍문관 제학이 되어 『현종개수실록』의 편찬에 참여하였다. 1684년 예조 판서가 되어 『선묘보감宣廟寶鑑』을 찬진撰進하였으며, 1687년 좌의정이 되어 병으로 사직했다. 시호는 문충文忠이고, 저서로는 『외재집』이 있다.

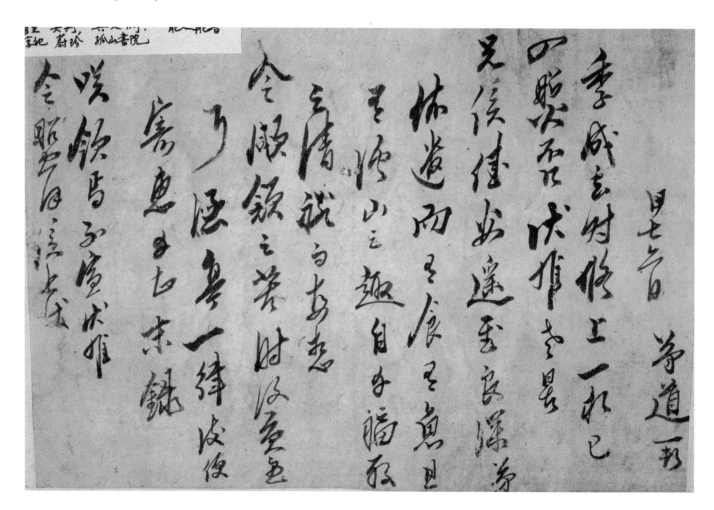

季成去時, 修上一札, 已入照否? 伏惟老署, 兄候佳安, 遙慰良深. 弟依遣而有食有魚, 且有溪山之趣, 自幸福履之淸裕. 而每想令顑頷之苦, 時復貢慮耳. 涵亭一律, 復便寄惠, 幸甚. 末錄笑領焉. 不宣. 伏惟令照. 謹候上狀.

甲七六日. 弟道一頓.

계성季成[12]이 갈 때, 한 통의 편지를 써서 올렸는데, 이미 받아 보셨습니까? 삼가 늦더위에 형의 체후가 편안하시다고 생각되니 멀리서나마 위로됨이 매우 깊습니다. 저는 그럭저럭 지내며 먹을 것도 있고 물고기도 있으며, 또한 시내와 산을 감상하는 흥취도 있으니, 넉넉하게 복을 받은 것을 다행이라 여깁니다. 그러나 매번 영감의 굶주리는 고통을 생각하면 때때로 거듭 염려가 될 따름입니다. 함정涵亭의 시 한 수는 돌아오는 인편으로 부쳐 주시면 매우 다행이겠습니다. 끝에 기록하고 웃으면서 받아 주십시오. 서식을 갖추지 못합니다. 영감께서 살펴 주십시오. 삼가 문후의 편지를 올립니다.

갑년甲年(갑자년, 1684) 7월 6일에
제弟 도일道一이 올림

해설

이 편지는 오도일吳道一(1645~1703)이 쓴 편지로, 수신자는 명확하지 않다. 이 편지에서 단서를 찾을 수 있는 것은 '함정涵亭의 시'라는 내용이다. '함정'은 '함涵'이라는 글자가 들어간 정자인데, 이것은 울진의 함벽정涵碧亭으로 추정이 된다. 함벽정은 오도일이 1684년 울진 현감으로 갔을 때 건립한 것이다. 그러므로 편지 끝의 갑년甲年 역시 1684년인 갑자년이다. 이 편지의 주내용은 아마 오도일이 함벽정에 대한 시를 보내고, 그에 대한 화답시를 요구한 것이다.

오도일의 자는 관지貫之, 호는 서파西坡, 본관은 해주이다. 1673년 문과에 급제하였고, 이후 여러 벼슬을 하였는데, 주목할만한 것으로 사가독서를 받았고, 대제학을 역임했다는 것이다. 특히 문장에 뛰어나 동인삼학사東人三學士라 칭해졌다.

---

12 계성(季成) : 이세면(李世勉, 1651~1719)의 자로, 호는 송정(松亭), 본관은 용인이다. 1687년 생원시에 합격했고, 1710년 60세의 나이로 춘당대시에 장원을 하였다. 관직은 충청 감사ㆍ대사간 등을 역임하였고, 정치와 학술적 성향은 소론이었다.

14. 박태순의 편지

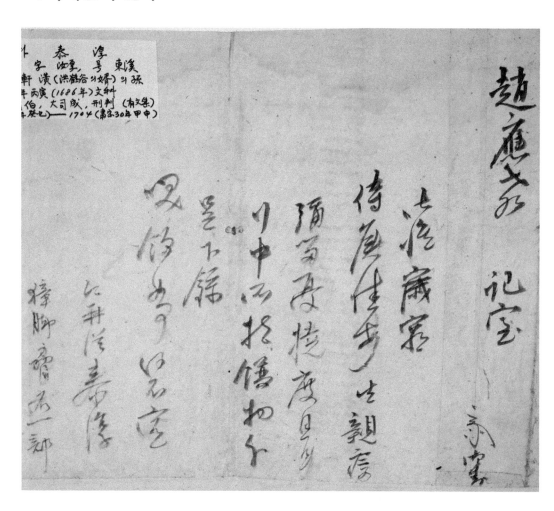

[피봉]

趙應敎 記室

(수결) 謹封

伏惟歲窮, 侍候佳安? 生親病彌
留, 憂撓度日耳. 行中所持饌物分
呈下錄, 咲領如何? 謹不宣.
　卽, 再從泰淳.

獐脚脅, 各一部.

[피봉]
조 응교께
(수결) 삼가 봉함

선달에 어버이 모시며 지내시는 기거가 평안하십니까? 저는 어버이의 병이 지속되어 근심으로 날을 보내고 있습니다. 객지에 가지고 있던 음식을 아래와 같이 나누어 올리니 웃고 받으시는 것이 어떻겠습니까? 서식을 펴지 않습니다.

즉일
재종 태순泰淳이

노루 다리와 갈비 각 한 부部.

해설

박태순朴泰淳(1653~1704)이 조상우趙相愚(1640~1718)에게 음식물을 보내면서 이를 알린 편지이다. 편지를 쓴 연도가 없으나 조상우가 1686년 8월 28일에 부응교가 된 이후 1689년 사도시 정司䆃寺正이 되기 전 유배를 당한 일이 있었는데 그 즈음의 편지로 추측된다.

박태순의 자는 여후汝厚, 호는 동계東溪, 본관은 반남이다. 1686년에 문과에 급제하여 1691년에 우부승지, 1692년에 경주 부윤, 1695년에 광주 부윤廣州府尹, 1697년에 성균관 대사성, 1698년에 형조 판서, 1699년에 전라도 관찰사, 1703년에 경상도 관찰사를 지냈다. 저서로 『동계집』이 있다.

조상우의 자는 자직子直, 호는 동강東岡이며, 본관은 풍양이다. 할아버지는 조희보趙希輔이고, 아버지는 조형趙珩이며 조귀명趙龜命의 조부이다. 이경석李景奭과 송준길宋浚吉의 문인이다. 1682년 문과에 급제한 후 1686년에 부응교, 이후로 이조 판서, 판중추부사를 지냈다. 글씨를 잘 써서 옥책문玉冊文 서사관書寫官을 지냈다. 『필적유휘』 「하夏」에 그의 필적이 실려 있다. 시호는 효헌孝憲이다.

孤哀子壽恒稽顙再拜言昨蒙

責枉臨次送挽哀感伏惟辰下

雅履益清哀遡來切此中室家病患一味

危㞃藥物甚難辦出方

畵濟之敎敢此申遇可蒙

帖惠否石得一時多用孤哀六患其事勢

矣兩望不過數笈耳伏惟

恕諒 謹疏上

庚戌正月初八日 孤哀子金壽恒疏上

孤哀子壽恒, 稽顙再拜言. 昨蒙賁枉聖次, 追極哀感. 伏惟辰下雅履益清, 哀遡采切. 此中室家病患, 一味危飢, 藥物甚難繼. 既有圖濟之敎, 敢此申潤, 可蒙帖惠否? 不得一時多用, 孤哀亦其悉事勢矣. 所望不過數箋耳. 伏惟恕諒, 謹疏上.

庚戌正月初八日, 孤哀子金壽恒疏上.

　고애자 수항은 조아려 재배하고 말합니다. 어제 여막에 왕림해 주신 것이 지금까지 매우 감동입니다. 요사이 건강이 더욱 좋으시다니 그리운 마음 간절합니다. 처의 병이 줄곧 위독하고 쓰러져 가고 있는데 약물을 이어가기가 몹시 어렵습니다. 구할 길을 도모하라고 말씀하셨으므로 감히 이렇게 다시 번거롭게 하니, 약을 보내 주시겠습니까? 한꺼번에 많은 양을 쓸 수 없는 상황은 저도 알고 있습니다. 바라는 바는 몇 돈[錢]에 불과합니다. 헤아려 주십시오. 삼가 올립니다.

경술년(1670) 1월 8일
고애자 김수항 올림

해설

　김수항金壽恒(1629~1689)이 보낸 편지로 수신인은 알 수 없다. 김수항의 자는 구지久之, 호는 문곡文谷, 본관은 안동이다. 조부는 김상헌金尙憲이고, 아버지는 동지중추부사同知中樞府事 김광찬金光燦이다. 아들은 김창집金昌集·김창협金昌協이다. 1651년에 문과에 급제하여 1653년에 동지사의 서장관으로 청나라에 다녀왔다. 1672년 44세의 나이로 우의정에 발탁되고, 좌의정으로 승진되어 세자사부世子師傅를 겸하였다. 1680년 경신대출척이 일어나 남인들이 실각하자 영중추부사領中樞府事로 복귀하여 영의정이 되어 남인의 옥사를 주도하고 송시열·박세채 등을 불러들였다. 숙종 때 남인과 갈등이 심해지면서 유배와 좌천, 복귀를 거듭하다가 진도로 유배되어 1689년 사사賜死되었다. 저서로는『문곡집』이 있다.

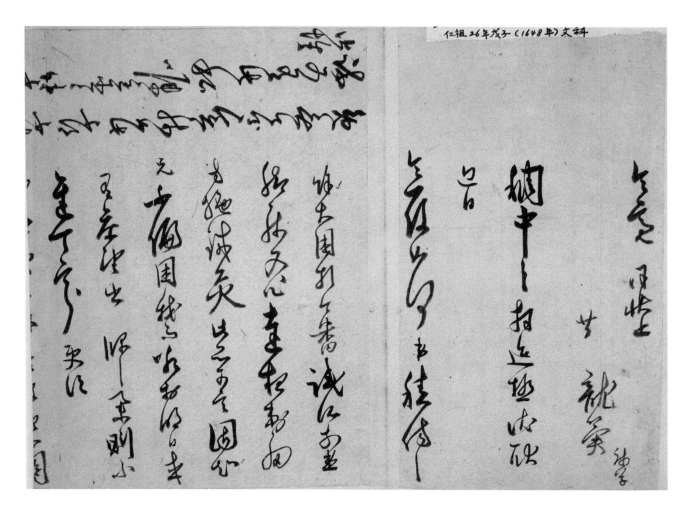

仁祖 26年 戊子 (1648年) 文科

稠中之拜, 迨極依耿. 近日令履如何? 弟積傷之餘, 大困於今番試所, 前患脚病又作, 達夜刺痛. 方施鍼灸, 此亦可言. 固知兄不偏困我, 而若於明日, 或有參望出牌之擧, 則不進. 丁寧更須, −원문 빠짐− 免矣. 今則候病如此, 不得不 −원문 빠짐− 疏. 又有此私囑, 主臣主臣. 餘不 −원문 빠짐− 伏惟令亮. 謹狀上.

廿日, 龍翼病草.

복잡한 자리에서 잠시 뵈었던 것이 지금까지 여전히 그립습니다. 요즘 영감의 근황은 어떠하십니까? 저는 몸과 마음에 괴로움이 쌓인 끝에 이번 과거 시험장에서 크게 곤액을 겪었고, 전에 앓던 다리의 병이 다시 발작하여 밤새도록 찌르는 듯한 통증에 시달렸습니다. 이제야 침과 뜸을 뜨고 있으니, 이 또한 어찌 다 말할 수 있겠습니까.

형이 나를 힘들게 하지 않는다는 사실을 진실로 잘 알고 있으나, 만약 내일 혹시라도 참망參望[13]하라는 조정의 부름이 있다면 나아가지 못하니, 정녕 다시 모름지기 −원문 빠짐− 면할 것입니다. 지금은 이처럼 병을 돌봐야 하기에 어쩔 수 없이 −원문 빠짐− 소疏를 올립니다. 또한 이같이 사적인 부탁을 하니, 황공하고 황공합니다. 나머지는 갖추지 못합니다. 헤아려 주시기를 바랍니다. 삼가 편지를 올립니다.

20일
용익龍翼은 병상에서 씁니다.

---

13 참망(參望) : 관리를 임명할 때 세 명의 후보자를 추천하는데 이를 삼망(三望)이라 하며, 이 삼망에 참여하는 것을 참망이라 한다.

해설

　남용익南龍翼(1628~1692)이 동료 관원 혹은 상사에게 자기의 몸이 아프니 조정의 일에서 제외시켜 달라고 부탁하는 편지이다. 수신자와 연도 표기가 되어 있지 않아 더 많은 정보를 알 수는 없다. 중간에 편지가 잘려서 내용 파악이 어려운 부분이 있다.

　남용익의 자는 운경雲卿, 호는 호곡壺谷, 시호는 문헌文獻, 본관은 의령宜寧이다. 1648년 문과에 급제하고 벼슬이 대제학을 거쳐 판의금부사에 이르렀다. 1667년 경상도 관찰사가 되었다. 60세 때인 1687년 1월에 양관 대제학을 겸하였다. 1689년 기사환국으로 남인이 정권을 장악하고 서인이 축출되자, 1691년 함경북도 명천明川에 유배되고 1692년 2월 배소에서 별세하였다. 저서로는『호곡집』,『호곡만필壺谷漫筆』,『호곡시화壺谷詩話』,『기아箕雅』등이 있다.

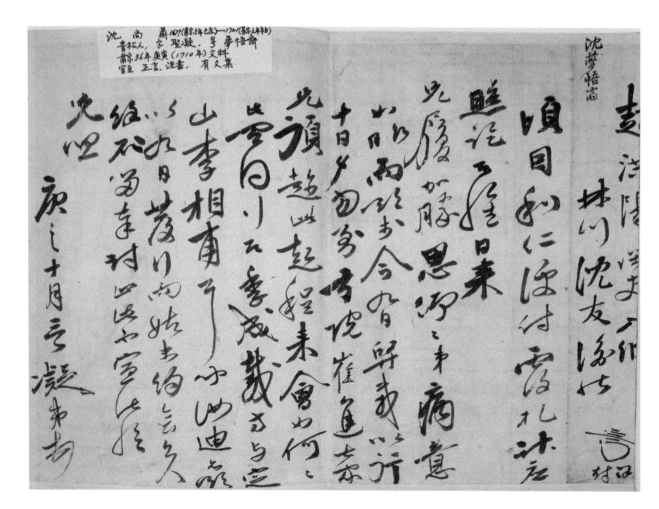

[피봉]

趙洪陽 口 史入納

林川沈友謝狀 (수결) 謹封

頃因和仁便付覆札, 計應照訖. 卽惟日來, 兄履加勝, 思仰思仰. 弟病意如昨, 而欲於今九日, 舁載以行, 十日夕當到方院崔進士家. 兄須趁此起程來會, 如何如何. 此間同行, 卽李成載方與定山李相甫耳. 聞汝迪, 亦欲以九日發行, 而姑未約會矣. 餘留奉討. 止此. 不宣. 伏惟兄照.

庚之十月三日, 凝弟頓.

[피봉]

조趙 홍양[14] 현감洪陽縣監의 비서에게 올리는 글

임천林川의 벗 심沈의 답장 (수결) 삼가 봉함

지난번 화인和仁 편에 올린 답장은 이미 받아 보셨으리라 생각합니다. 요즘은 형의 생활이 더욱 좋을 것이라 생각되니 그립고 그립습니다. 저는 병들어 아파하는 것이 여전하지만, 이번 9일에 짐을 싸서 10일 저녁까지 방원方院의 최 진사 집으로 가려 합니다. 형께서도 이때를 틈타 노정을 세워 모임에 오시는 것이 어떠합니까.

이때 동행하는 사람이라곤 계성李成[15]과 재방載方,[16] 그리고 정산定山의 이상보李相甫[17] 뿐입니다. 여적汝迪[18]도 9일 출발하다고 하나 아직 모임을 기약하지 못했습니다. 나머지는 남겨 두고 만나서 이야기하겠습니다. 이만 씁니다. 예를 갖추지 못합니다.

---

14 홍양(洪陽) : 지금의 충남 홍성 지역이다.

15 계성(李成) : 윤성시(尹聖時, 1672~1730)의 자이다. 본관은 해평이며, 1705년 문과에 급제하였다. 신임사화를 주도한 소론 계열의 학자이다.

16 재방(載方) : 이형곤(李衡坤)의 자이다.

17 이상보(李相甫) : 상보는 이단장(李端章, 1664~1727)의 자이다. 본관은 경주이고, 1705년 문과에 급제하였다. 살던 곳은 충남 청양이다.

18 여적(汝迪) : 윤혜교(尹惠敎, ?~1739)의 자이다. 호는 완기헌(玩棋軒), 본관은 파평이다. 1714년 문과에 급제하였다. 시호는 문온(文溫)이다.

형께서는 살펴 주십시오.

경년庚年(1720) 10월 3일
동생 응凝이 올림

해설

심상정沈尙鼎(1680~1721)이 절친한 벗인 홍양 현감에게 보내는 편지인데, 홍양 현감의 정확한 인명은 파악하지 못하였다. 주된 내용은 유람을 가는데 홍양 현감도 같이 가자고 하는 것이다. 우선 자신의 일정을 알리고 참가할 사람을 알렸다. 그리고 10월 9일이나 10일 만나자는 것이다. 이 편지는 1710년 또는 1720년의 편지인데, 본인이 아프다는 내용과 주변 인물의 관계를 파악하여 1720년의 편지로 추정하였다.

심상정은 자가 성응聖凝, 호는 몽오재夢悟齋, 본관은 청송이다. 1710년 문과에 급제하여 병조 좌랑과 정언 등의 벼슬을 지냈지만, 1712년 대사간 윤성준尹星駿과 논쟁한 일로 사천에 유배되었다. 풀려난 뒤 임천林泉에 독락정獨樂亭을 짓고 은거하였다. 저서로는 『몽오재집』이 있다.

18. 임상덕의 편지

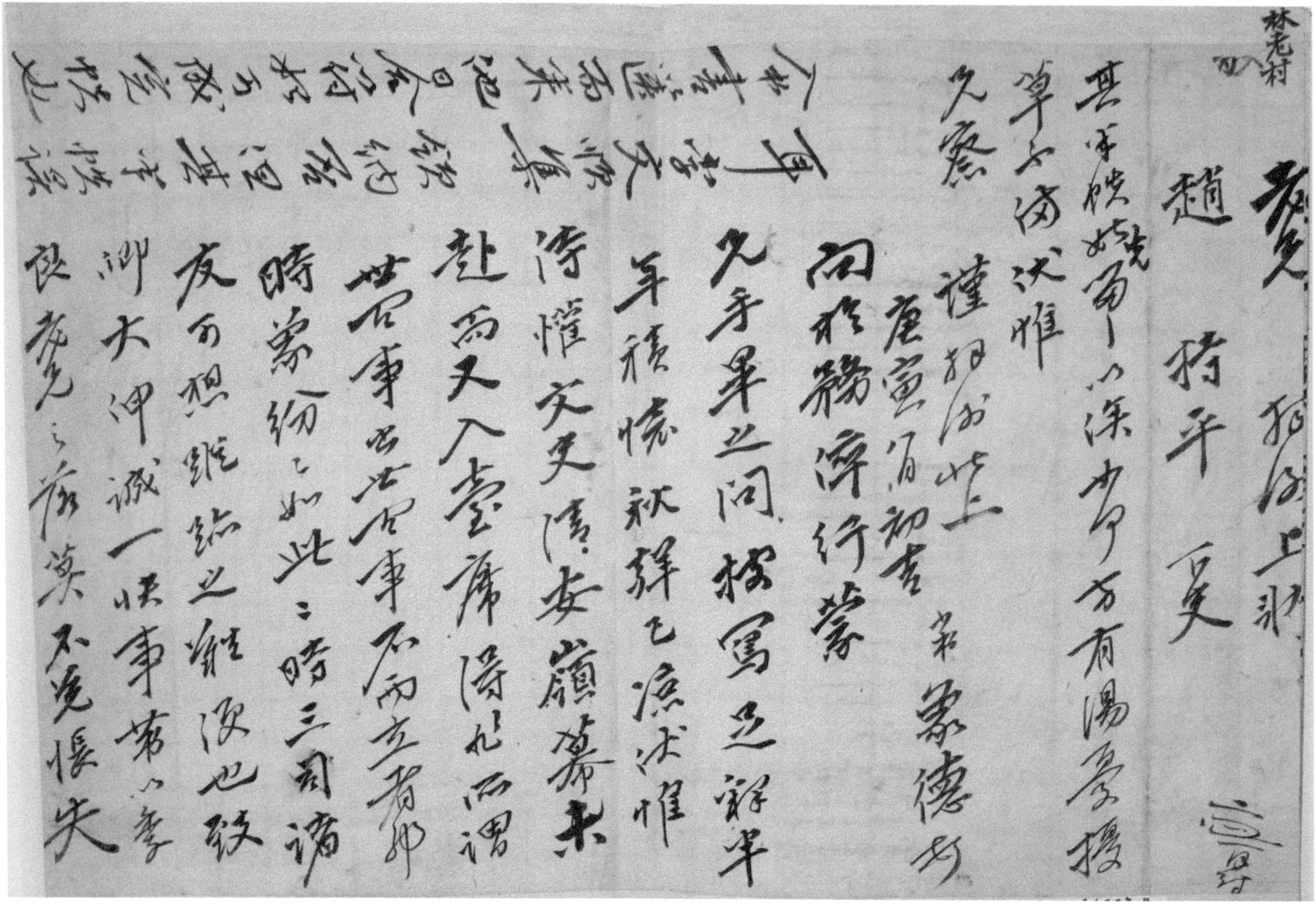

向於務倅行, 蒙兄手畢之問, 披寫足釋半年積懷. 秋聲已凉, 伏惟侍懽文史淸安? 嶺幕未赴, 而又入臺席, 得非所謂世間事出世間事, 不兩立者耶. 時象紛紛如此, 此時, 三司諸友, 可想蹤跡之難便也. 致唧大伸, 誠一快事. 第以季良老兄之落莫, 不兒悵失耳. 李文順集領納否? 但其半帙, 誤入弟書簏而來, 他日合符, 始可成完帙也. 其半帙, 姑先留之以俟如何? 方有湯憂, 擾草不備. 伏惟兄察. 謹拜謝狀上.

庚寅八月初吉, 少弟象德頓.

　지난번 무안 현감務安縣監이 왔을 때 형이 쓴 편지를 받고서 토로하신 말이 반년의 쌓인 회포를 풀기에 족했습니다. 가을 날씨가 쌀쌀한데 어버이 모시며 독서하시는 것이 평안합니까? 영남에 계실 때[19] 치소에 가 보지 못했는데 또 사헌부에 들어갔으니 이른바 세상사를 사는 것과 세상사를 벗어난 것이 양립할 수 없다는 것이 아니겠습니까. 시기가 어지러움이 이와 같은 때에

---

19 영남에 계실 때 : 편지 수급자 조석명은 바로 전 해인 1709년에 의성 현령을 지냈다.

삼사三司의 여러 벗은 처신하기 어려울 것이라 생각됩니다.

졸이던 일을 크게 편 것은 참으로 통쾌한 일입니다. 다만 계량季良[20] 노형이 과거에 떨어져 즐겁지 않고 서운할 뿐입니다. 이 문순李文順의 문집[21]을 받으셨습니까? 다만 절반이 저의 책 상자에 잘못 들어 왔으니 후일 합쳐야 완질이 될 것입니다. 그 절반을 우선 두고서 기다리시는 것이 어떻겠습니까? 지금 가뭄이 심한 때에 어지럽게 쓰며 서식을 갖추지 못합니다. 삼가 형은 살펴 주십시오. 삼가 절하고 답장을 올립니다.

경인년(1710) 8월 1일
소제 상덕象德이 올림

---

20 계량(季良) : 조최수(趙最壽, 1670~1739)의 자이다.
21 이 문순(李文順)의 문집 : '이 문순'은 고려 이규보(李奎報, 1168~1241)를 말한다. '문순'은 그의 시호이다. 문집은 이른바 『동국이상국집(東國李相國集)』을 말한다. 이익(李瀷)의 『성호사설(星湖僿說)』에 '이상국집은 국내에 없어진 것을 일본에서 구해와 다시 간행하였다.'[李相國集 國中已失 而復從倭來 刊行于世]"라고 한 기록이 있어 이 무렵 이규보의 문집이 재간되었음을 알 수 있다.

해설

임상덕林象德(1683~1719)이 조석명趙錫命(1674~1753)에게 보낸 편지이다. 안부를 묻고 조석명이 전해 받은 이규보 문집에 대해 누락 사항이 있음을 전했다. 조석명은 임상덕의 처의 8촌 형제이다. 1710년 당시 임상덕은 이조 정랑을 지내고 있었으며 조석명은 사헌부 지평이 되었다.

임상덕의 자는 윤보潤甫·이호彛好, 호는 노촌老村, 본관은 나주이다. 풍양 조기수趙祺壽의 딸과 혼인하였다. 윤증尹拯의 제자이며 임영林泳의 지도를 받았다. 1705년에 문과에 급제하여 1710년에 이조 정랑을 지냈다. 대사간에 올랐으나 37세에 병사하였다. 저서로는 『동사회강東史會綱』·『노촌집』이 있다.

조석명의 자는 백승伯承, 호는 묵소墨沼, 본관은 풍양이다. 할아버지는 조상정趙相鼎이고, 아버지는 조대수趙大壽이다. 1707년에 문과에 급제하여 1710년에 사헌부 지평을 지냈다. 대사간, 형조 판서, 판돈녕부사를 지냈다.

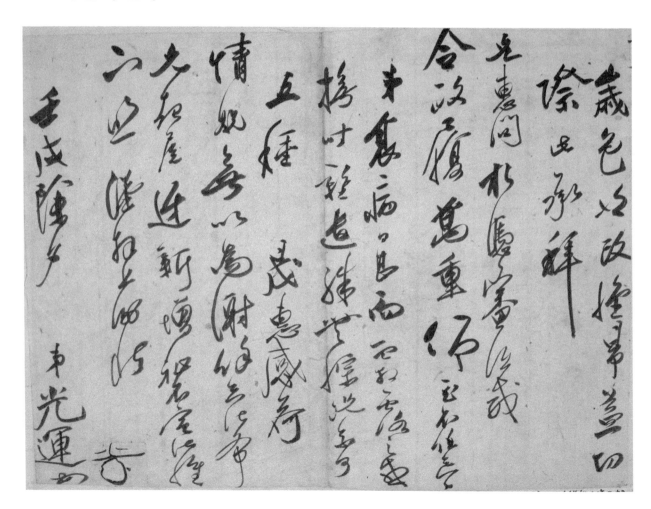

歲色將改, 懷昂益切, 際此承拜兄惠問札, 憑審沍戒, 令政履萬重, 仰慰不任區區. 弟衰病日甚, 而霜露之感, 撫時難遣, 殊無悰況, 奈何. 五種晟惠, 感荷情貺, 無以爲謝. 餘只伏希, 兄起居迓新增祉, 不宣. 伏惟下照. 謹拜上謝狀.

壬戌除夕, 弟光運頓.

(수결)

해가 바뀌려는 때에 그리운 마음 더욱 간절한데 형께서 보내 주신 편지를 받고 섣달 추위에 정무가 평안하시다는 것을 알고 구구히 위로되는 마음 감당할 수 없습니다. 저는 쇠약한 병이 날로 심해지는 중에 부모를 그리워하는 마음을 달래며 시간을 보내기 어려워 아무런 즐거움이 없으니 어찌하겠습니까.

다섯 가지 보내 주신 정에 감사하나 답할 길이 없습니다. 나머지는 다만 형의 건강이 새해를 맞이하여 더욱 복을 받기 바랍니다. 예를 갖추지 못합니다. 살펴 주십시오. 삼가 답장을 올립니다.

임술년(1742) 제석除夕에
제弟 광운光運 올림

해설

오광운吳光運(1689~1745)이 1742년 연말에 선물을 받고 감사의 뜻을 전한 편지로 수신인은 알기 어렵다. 수결은 첩을 편집할 때에 오려서 옮겨 붙였다.

오광운의 자는 영백永伯, 호는 약산藥山, 본관은 동복同福이다. 1719년에 문과에 급제하여 영조의 탕평책蕩平策 하에서 청남清南 세력의 정치적 지도자로서 활약하였다. 1743년에 예조 참판을 역임하고, 1744년 사직司直을 거쳐 개성 유수에 이르렀다. 저서로는 『약산만고』가 있다. 이조 판서와 대제학에 추증되었다. 시호는 충장忠章이다.

20. 이정섭의 편지

久未嗣音，戀膠多矣．此歲駸駸向暮，不審此時令政履安好否．悠悠馳溯，靡有歇時也．此中本病之外，近又精神旋暈，手指往麻疼，恐是再中之漸，憂懼不可言．大阮南除，於令輩，雖是樂事，如我之暮年離懷，則不翅作惡而已．自邁奄作古人，念其一生畸屯，而年亦不永，悼惜何已．溪窩以金敏章事，有所托於令，吾意亦一般．必須 —원문 빠짐— 統惟令照．

壬戌至月旬日，廷燮．

오래도록 소식을 듣지 못하여 그리움이 많았습니다. 이 해도 점점 저물어 가니 이때 당신의 정무도 편안하신지 모르겠습니다. 아득히 그리운 마음이 그칠 날이 없습니다. 저는 본래 앓던 병 외에 근래 또 정신이 혼미하고, 손가락도 자주 마비되니, 이것이 다시 재발하게 될 조짐이 있을까 우려가 되어 두려움을 이루 말할 수 없습니다.

　숙부께서 남쪽에 제수된 것은 그대들에게는 비록 즐거운 일이나, 나 같은 늙은 사람에게 있어서 이별의 심정은 슬픈 정도일 뿐만이 아닙니다. 근자에 문득 고인古人이 되고 그가 평생토록 기구한 삶을 살며 수명 또한 길지 않았으니, 애통함이 어찌 그침이 있겠습니까?

　계와溪窩는 김민장金敏章의 일을 가지고 당신에게 부탁한 것이 있는데 내 뜻도 또한 같은 생각이니, 반드시 －원문 빠짐－ 해 주십시오. 살펴 주시기 바랍니다.

임술년(1742) 11월 10일
정섭廷燮이

해설

　이 편지는 이정섭李廷燮(1688~1744)가 만년에 관직에 있는 상대에게 안부와 부탁을 하며 보낸 편지이다. 편지의 우측 상단의 일부가 잘려서 판독이 불가능하다.

　이정섭의 자는 계화季和, 호는 저촌樗村, 본관은 전주이다. 선조 대왕의 맏아들인 임해군臨海君 이진李珒(1574~1609)의 후손이다. 음보蔭補로 정랑正郎을 역임하였다. 영조 때 시직侍直·익찬翊贊 등의 벼슬을 하였으며, 시문을 잘하였고, 특히 시로 이름이 드러났다. 서명응徐命膺의 장인이다. 저서로는 『저촌집』이 있다.

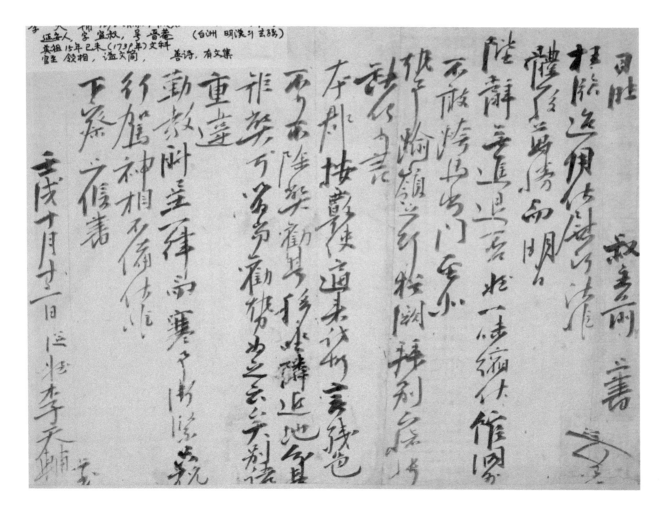

[피봉]

叔主前上書

(수결)

日昨枉臨, 迨用伏慰. 卽伏惟體履萬勝, 而明日陛辭, 無進退否? 姪一味縮伏, 館閣外, 不敢跨馬出門, 至聞執事踰嶺之行, 猶闕拜別, 下懷悵缺何可言. 本郡按覈使適來訪, 故言殘邑不可不除弊, 勸其移坐鄰近地, 分其鉅弊, 則以爲當勸勢, 爲之云矣. 別語重違, 勤敎聊呈一律. 而寒事漸緊, 只祝行駕神相. 不備. 伏惟下察. 上候書.

壬戌十月十二日, 從姪李天輔上書.

[피봉]

숙부님께 올리는 편지

(수결)

　일전에 찾아 주신 것은 지금까지도 마음에 위로가 됩니다. 지금은 체후가 매우 좋으시리라 생각되는데, 내일 폐사陛辭[22]에는 나아가지 않으실 것입니까? 조카는 줄곧 움츠리고 있어 관각館閣[23] 밖으로는 감히 말을 타고 문을 나서지 못합니다. 집사가 고개[嶺][24]를 넘어 가고 있다는 말을 듣고서야 이별의 인사를 빠뜨렸으니, 서글픈 제 마음 어찌 말로 하겠습니까.

　부임하시는 고을의 안핵사按覈使[25]가 마침 저를 방문하였기에 잔약한 고을에 폐단을 제거하지 않을 수 없다고 말하니, 인근의 다른 곳으로 옮길 것을 권하였는데, 큰 폐단을 나누면 형세가 그리 될 수 있다고 여겨서 그렇게 말한 것입니다.

---

22 폐사(陛辭) : 지방관으로 떠나는 사람이 임금에게 하직 인사를 올리는 것을 말한다.

23 관각(館閣) : 홍문관·예문관 등 문신들이 있던 관청을 말한다.

24 고개[嶺] : 영(嶺)은 일반적으로 경상도로 통하는 조령(鳥嶺)과 강원도로 통하는 대관령(大關嶺)을 말하는데, 여기에서는 정확히 어느 곳을 지칭하는지 알 수 없다.

25 안핵사(按覈使) : 조선 후기 지방에서 사건이 발생했을 때 파견하는 임시 관원으로, 주로 민란이 발생했을 때 수습하는 역할을 하였다.

이별의 말이 거듭 어긋나니, 가르침에 따라 율시 한 수를 바칩니다. 그리고 추위가 점차 닥치는데, 다만 가시는 길 온갖 가호가 있기를 바랍니다. 갖추지 못합니다. 삼가 살펴 주십시오. 문후의 편지를 올립니다.

임술년(1742) 10월 12일
종질 이천보가 올림

해설

이 편지는 이천보李天輔(1698~1761)가 자신의 숙부에게 보내는 편지이다. 그러나 족보상 그는 친가쪽에는 숙부가 없으므로, 외숙부・친척별 숙부[族叔] 등을 지칭한 것으로 보인다. 편지의 내용은 지방 수령으로 가는 숙부에게 바로 그 지방에서 돌아온 안핵사의 말을 전한 것이다. '조선왕조실록'이나 『승정원일기』에 영조 18년(1742)의 안핵사 기록이 없어 정확히 누구를 지칭하는지 알 수 없다.

이천보는 자가 의숙宜叔, 호는 진암晉庵, 본관은 연안이다. 1739년 문과에 급제하였고, 1742년 9월에 성균관 사예 등에 임명되었으며, 이후 벼슬은 영의정에까지 올랐다. 저서로는 『진암집』이 있다.

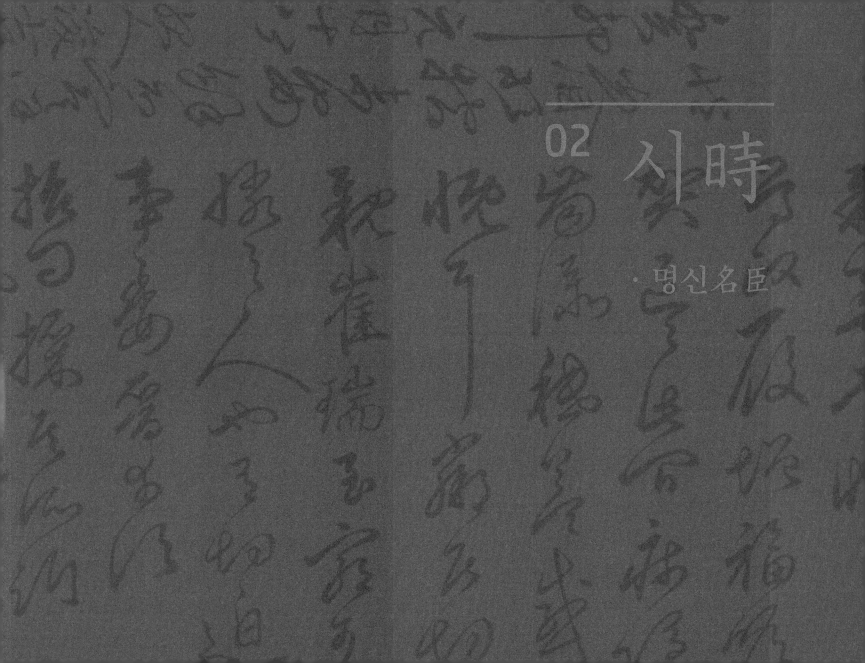

02

시 時

· 명신名臣

1. 안당의 시

次大用韻

坐花終日羽觴飛
大醉高談客未歸
觀因欲停猶不得
却慙心裡有塵機

方困醒, 不得進拜, 恨仰. 所敎諸詩送上.
瑭拜.

대용大用⁰¹이 지은 시의 운자를 차운하다[次大用韻]

꽃 가에 앉아 종일토록 술잔을 나누며	坐花終日羽觴飛
크게 취한 고담 속에 객이 돌아가지 않네	大醉高談客未歸
상황 보며 그만두고자 해도 되지 않고	觀因欲停猶不得
마음속에 속세의 기미 있어 도리어 부끄럽네	却慚心裡有塵機

지금 막 술에서 깨서 가서 뵙지는 못하니 한탄스럽습니다. 말씀하신 바의 시를 올립니다.

당塘이 올림

해설

안당安瑭(1461~1521)이 지은 시를 적어 부친 편지이다. 첩을 만들 때 원본의 여백을 오려내고 조밀하게 옮겨 붙였다.

안당의 자는 언보彦寶, 호는 영모당永慕堂, 본관은 순흥順興이다. 1481년에 문과에 급제하여 1506년에 대사간을 지냈고, 1508년에 순흥군順興君으로 봉작되었다. 1515년에 이조 판서, 1518년에 우의정을 지내면서 조광조 등의 인재를 발탁하는 데 힘썼다. 1521년에 아들 안처겸安處謙의 사건으로 인해 교사형絞死刑에 처해졌다. 1566년에 신원되었다. 시호는 정민貞愍이다.

---

01 대용(大用) : 신상(申鏛, 1480~1530)의 자이다. 호는 위암(韋庵), 본관은 평산이다. 신개(申槩)의 증손이다. 이조 판서를 지냈고 조광조 등의 사림과 학자들의 등용에 노력했
    다. 시호는 문절(文節)이다.

2. 신용개의 편지

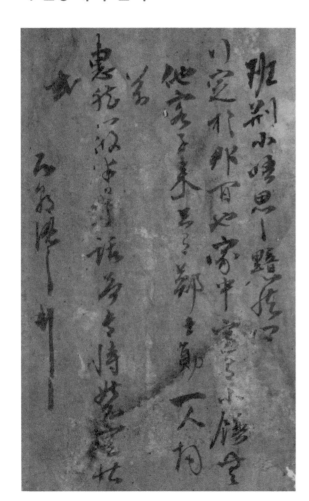

班荊小晤, 思之黯然. 鄉行定於那間也? 家中適有小饌, 無他客子來, 只有鄭士勛一人. 掃萬惠然以欣半日之話, 益專恃. 姑不宣狀式.

卽朝, 漑之頓.

옛 친구를 잠깐 만났다가 헤어졌으니 생각함에 암담했었습니다. 고향 가는 행차는 언제로 정했습니까? 집안에 마침 약간의 음식이 있었는데 다른 손님은 없고 다만 정사훈鄭士勛[02] 한 사람뿐이었습니다. 모든 일을 제치고 기쁘게 반나절 이야기를 나눌 수 있도록 하시기를 오로지 바랍니다. 편지의 예를 다 갖추지 못합니다.

편지를 받은 날 아침
개지漑之 올림

해설

신용개申用漑(1463~1519)가 상대방이 언제 고향을 가는지 묻고 한번 만나기를 바라는 마음을 전하기 위해 보낸 편지이다. 신용개의 자는 개지漑之, 백악白岳, 재유纔踰이고, 호는 이요정二樂亭・송계松溪・휴휴자休休子・수옹睡翁이고, 본관은 고령高靈이다. 할아버지는 영의정 신숙주申叔舟이고, 아버지는 관찰사 신면申㴐이다. 1488년에 문과에 급제하여 승문원 정자가 되었다. 1503년 형조 판서를 거쳐 예조 참판이 되어 명나라에 사신으로 다녀온 뒤 갑자사화에 연루되어 전라도 영광에 유배되었다. 1506년 중종반정 후 형조 참판으로 서용되었으며, 이어 홍문관과 예문관의 대제학을 역임하였다. 1516년에 우의정에 오르고, 1518년 좌의정에 이르렀다. 저서로는『이요정집』이 있고, 편서로『속동문선』・『속삼강행실도』가 있다. 시호는 문경文景이다.

---

02 정광필(鄭光弼, 1462~1538) : 자는 사훈(士勛), 호는 수부(守夫), 본관은 동래(東萊)이다. 연산군 시절 임금의 사냥이 너무 잦다고 간하였다가 아산으로 유배되었다. 중종반정 후 부제학에 오르고 그 뒤 예조 판서와 대제학을 역임했다. 우의정과 좌의정을 거쳐 1516년 영의정에 올랐다. 저서에『정문익공유고(鄭文翼公遺稿)』가 있다.

奉賡

基川

城主退溪茅舍會飲韻

東溪卜築自何年　來見茅簷吳

敕樣堂上彩屏遮　殿壁雜遝銅

席當華筵座分　賓主盛高會酣

遍尊早作酒仙已感　前宵真意

飲更看詩律捴盧前

穆家深谷小溪邊　經始元因幹蠱

賢遺訓已成知有後　激見何必盡

三遷

右閣

城主臣其令孫新基有溪澗之勝

卽命後擇今悔向更卜他處三

遷故詩以嘲之

嘉靖己丑攘月初吉　聾甲元叔拜

奉贐基川城主退溪茅舍會飲韻

東溪卜築自何年, 來見茅簷只數椽.
堂上彩屏遮毁壁, 籬邊網席當華筵.
座分賓主成高會, 酌遍尊卑作酒仙.
已感前宵眞率飲, 更看詩律摠盧前.

又

移家深谷小溪邊, 經始元因幹蠱賢.
庭訓已成知有後, 教兒何必孟三遷.

右聞, 城主喜其令胤, 新基有溪澗之語, 卽命移構, 今悔而更卜他處, 凡三遷. 故詩以嘲之.

嘉靖己酉臘月初吉, 聾老拜.

풍기 군수(이황)가 퇴계退溪에 있는 모사茅舍[03]에 몇 사람이 모여 술 마시며 지은 시에 삼가 차운하다[奉賡基川城主退溪茅舍會飲韻]

동계[04]에 집 지으려 한 것이 몇 해나 되었는데	東溪卜築自何年
찾아와 살펴보니 초가가 다만 두어 칸이네	來見茅簷只數椽
마루 위 채색 병풍 헐려진 벽을 가리고	堂上彩屛遮毁壁
울타리 가에 멍석은 화려한 자리가 되었네	籬邊網席當華筵
손님 주인 나눠 앉아 고상한 모임 이루니	座分賓主成高會
늙은이 젊은이 두루 마시며 술 신선 되었네	酌遍尊卑作酒仙
지난밤 진솔한 술자리에 이미 감격했는데	已感前宵眞率飮
지은 시들 노조린[05]보다 뛰어남을 다시 보았네	更看詩律摠盧前

또[又]

깊은 골짜기 작은 시냇가로 집을 옮기니	移家深谷小溪邊

---

03 풍기 군수가 퇴계(退溪)에 있는 모사(茅舍) : 원문의 기천(基川)은 풍기(豊基)의 옛 지명이다. 퇴계의 모사는 퇴계(退溪) 즉 오늘날의 하계(下溪) 주변에 있었던 양진암(養眞庵)을 가리킨다. 차운한 원래의 시는 이황(李滉)의 『퇴계선생문집별집(退溪先生文集別集)』 권1의 「양진암(養眞庵)에 이 지사 상공이 오셨는데, 이날 성주 역시 오다[李知事相公辱臨, 是日城主亦到]」 시에 나온다. 내용은 다음과 같다. "茅齋不見已三年, 雨漏風吹半露椽. 忽枉籃輿臨澗藪, 兼蒙皀蓋賁尊筵. 他時慕德人如蟻, 此日陪歡我亦仙. 假步山扄猶得此, 況敎投紱拜牀前."

04 동계(東溪) : 경북 안동시 도산면 토계리 퇴계 이황 묘소 아래에 있었던 양진암 앞의 시내이다.

05 노조린(盧照鄰) : 당나라의 양형(楊炯), 왕발(王勃), 노조린, 낙빈왕(駱賓王)이 문장으로 명성이 드러나 세상에서 왕양노락(王楊盧駱)이라고 부르고 초당사걸(初唐四傑)이라고 칭하였는데, 양형이 이 말을 듣고는 "노조린의 앞에 있기는 쑥스럽고, 왕발의 뒤에 있기는 수치스럽다.[吾愧在盧前, 恥居王後.]"라고 말한 고사가 전한다.

경영함에 원래 간고[06]의 자제를 두었네   經始元因幹蠱賢

가정에 가르침 있어 뒤가 있음을 알겠으니   庭訓已成知有後

하필 맹모의 삼천지교를 본받을 것인가   敎兒何必孟三遷

위의 시는 풍기 군수가 그 아들의 새로운 집터가 시냇가에 있다는 말을 듣고 기뻐하며 즉시 옮겨 지을 것을 명했는데, 지금은 후회하고 다시 다른 터를 찾아 모두 세 번을 옮겼다고 들었다. 그래서 이 시를 지어 조롱해 보았다.

가정嘉靖 기유년(1549) 12월 1일에

농로聾老 올림

해설

이현보李賢輔(1467~1555)가 지은 7언 율시 1수와 7언 절구 1수이다. 83세 때인 1549년 12월에 풍기 군수 이황李滉의 양진암養眞庵 시에 차운한 것이다. 앞에 시는 『농암집聾巖集』 권1에 「봉갱퇴계모사회음奉賡退溪茅舍會飮」으로 되어 있다.

이현보의 자는 비중棐仲, 호는 농암聾巖, 시호는 효절孝節, 본관은 영천이다. 1498년 문과에 급제하였다. 1504년 사간원 정언으로 서연관의 비행을 논하다가 안동에 유배되었다. 그 뒤 중종반정으로 지평에 복직되어 밀양 부사·안동 부사·충주 목사를 지냈고, 1523년에는 성주 목사로 선정을 베풀어 표리表裏를 하사받았다. 수많은 관직을 거치다가 1542년 76세 때 지중추부사에 제수되었으나 병을 핑계로 벼슬을 그만두고 고향에 돌아와 만년을 강호에 묻혀 시를 지으며 한거하였다. 홍귀달洪貴達과 권벌權橃에게 배웠으며, 후배인 이황 등과 친밀하였다. 저서로는 『농암집』이 있다.

---

06 간고(幹蠱) : 『주역』 「고괘(蠱卦)·초육(初六)에 나오는 간부지고(幹父之蠱)의 준말로, 아들이 부친의 뜻을 계승 발전시키는 것을 말한다.

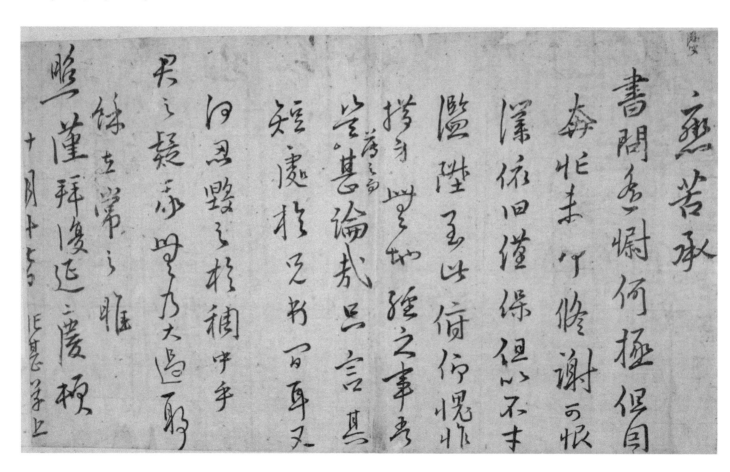

戀苦, 承書問, 遠慰何極. 但因奔忙, 未卽修謝, 可恨. 僕依舊僅保, 但以不才, 濫陞至此, 俯仰愧怍, 措身無地. 經之事, 吾豈薄之而甚論哉. 只言其短處於兄弟間耳, 又何忍毀之於稠中乎! 君之疑我, 無乃大過耶. 餘在常之. 睢照. 謹拜復.

十月十七日, 延慶頓.

忙甚草上.

그리움에 사무쳤는데 문후의 편지를 받으니, 멀리서나마 위로됨이 어찌 끝이 있겠습니까. 다만 바빠서 곧장 답장을 쓰지 못했으니, 한스럽습니다. 나는 여전히 그럭저럭 지내고 있지만, 재주가 없는 사람으로서 벼슬까지 올려받아 여기에 이르렀으니, 어떤 일이건 간에 부끄러움이 일어 몸둘 곳이 없습니다. 지난번 일은 내 어찌 야박하게 논했겠습니까. 다만 형제간의 부족하고 모자란 것을 말했을 따름이니, 또 어찌 사람들 앞에서 차마 체면을 훼손한 것이겠습니까! 그대가 나를 의심하는 것이 너무 지나친 것은 아닙니까. 나머지는 일상에 따릅시다. 살펴 주십시오. 삼가 절하고 답장을 올립니다.

10월 17일
연경延慶 올림

바삐 써서 올립니다.

해설

　이 편지는 이연경李延慶(1484~1548)이 자신과 약간의 논쟁을 일으킨 사람(후배)에게 쓴 편지이다. 아마 이연경이 상대방에게 형제간의 도리를 설명한 것 같으나, 전후의 맥락과 수신자를 알 수 없다.

　이연경은 자가 장길長吉, 호는 탄수灘叟, 본관은 광주廣州이다. 『필적유휘』의 편집자는 이연경이 조광조와도 교유하고 많은 사림의 인물들을 천거한 것 때문에 명신의 반열에 올린 것 같다. 실제로 그는 1519년 현량과賢良科에 급제하였고, 벼슬을 하면서 조광조를 재상으로 천거하고, 현량과가 폐지되면서 벼슬을 버리고 은거하였다.

5. 이해의 시

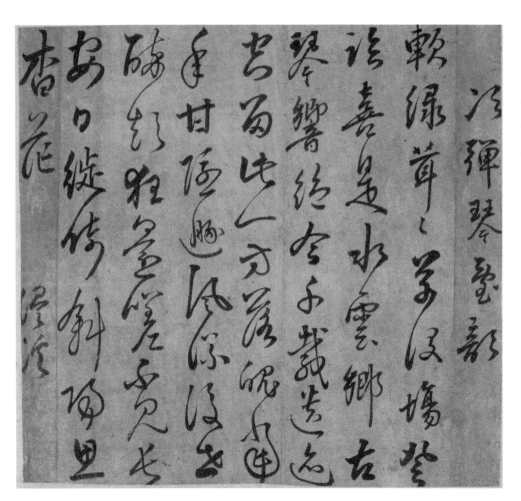

次彈琴臺韻

軟綠茸茸草沒場, 登臨喜是水雲鄉.
古琴響絶今千載, 遺迹空留此一方. 落魄
當年甘隱遯, 風流後世醉顚狂. 還嗟不見
長安日, 徙倚斜陽思杳茫.

溫溪

탄금대시를 차운하다[次彈琴臺韻]

부드러운 푸른 풀 일대에 덮였으니	軟綠茸茸草沒場
올라가 보니 기쁘게도 수운향[07]이라	登臨喜是水雲鄉
옛 거문고 소리 끊어진 지 천 년 후에	古琴響絕今千載
옛 자취만 이 한 곳에 남았네	遺迹空留此一方
당년의 곤궁엔 은둔이 달갑고	落魄當年甘隱遯
후세의 풍류는 취하여 넘어지네	風流後世醉顚狂
서울의 해를 볼 수 없음을 한탄하며	還嗟不見長安日
노을 속으로 옮겨 기대니 생각 아득하구나	徙倚斜陽思杳茫

온계溫溪

해설

이해李瀣(1496~1550)가 지은 7언 율시 1수이다. 1548년 무렵 충청도 관찰사를 지낼 때 지은 것으로 추정된다. 『온계선생일고溫溪 先生逸稿』 권1에 같은 제목으로 실려 있다. 문집에는 2수로 분리되어 있고 '響絕'이 '絕響'으로 되어 있다.

이해의 자는 경명景明, 호는 온계溫溪, 본관은 진보이다. 할아버지는 이계양李繼陽이고, 아버지는 이식李埴이며 아우는 이황李滉이 다. 1528년에 문과에 급제하여 1544년에 대사헌을 지냈다. 1545년에 이기李芑를 논박하여 체직시켰는데 1550년에 한성부 우윤을 지 낼 때 그의 심복인 이무강李無彊의 탄핵을 받았으며 갑산으로 유배 도중 양주에서 병사하였다. 1567년에 복관되었고 1691년에 이조 판서에 추증되었다. 시호는 정민貞愍이다.

---

07 수운향(水雲鄉) : 신선 세계와 같은 비경을 말한다.

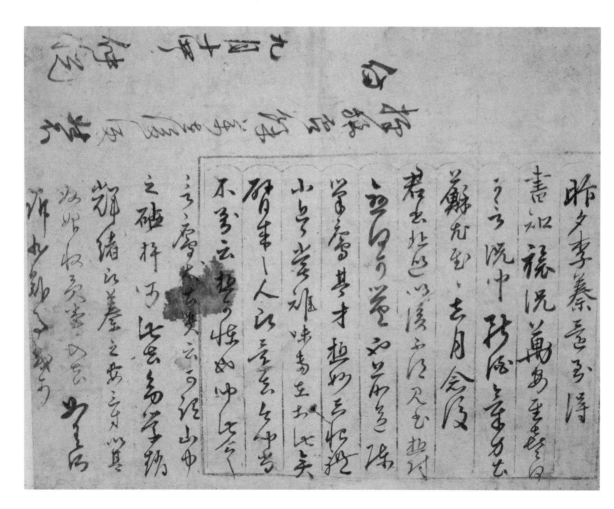

昨夕李蓁還到得書, 知旅況萬安, 慰喜何可言. 況聞雖酒氣力甚蘇, 尤慰慰. 去月念後, 君出北巡, 以後不得見書, 鬱懸何可量也. 前送陳舉鷹, 其才極妙, 只恨體小, 近日嘗難味, 專在於此矣. 臂來之人卽還去, 今聞尙不到云, 極可怪也. 聞此公之言, 鷹大甚貴云, 可謂山中之砧杵. 此去幼學趙輝緖, 卽蓁之妻三寸, 以其奴婢收買事入去, 如有所訴非難事, 或可揮施否? 餘萬在後便, 姑不備.

九月十四日, 仲悅.

　어제 저녁 이진李蓁이 돌아와 편지를 받았는데 여행하시는 형편이 좋으시다는 것을 알았으니 위로되고 기쁜 마음을 어찌 다 말하겠습니까. 하물며 술을 드시고도 기력이 완전히 깨었다고 하니 더욱 위로되었습니다. 지난달 20일 이후에 그대가 북쪽으로 순행을 떠난 이후에 편지를 받지 못했으니 울적한 마음을 헤아릴 수 있겠습니까.

　이전에 보낸 진거웅陳擧鷹은 그 재주가 절묘하나 다만 크기가 작아 아쉬웠지만 근래 맛보기 어려운 것을 맛본 것은 오로지 여기에 있었습니다. 매를 팔에 들고 온 사람은 곧바로 돌아갔는데 지금까지 아직 도착하지 않았다고 하니 극히 괴이합니다. 이 사람의 말을 들으니 매가 큰 것은 매우 귀하다고 하며 산속의 다듬이 소리라고 할 만합니다.

　지금 가는 유학幼學 조휘서趙輝緖는 곧 진蓁의 처삼촌으로 노비를 수매할 일로 그대의 관내로 들어갔으니 만약 하소연하는 것이 어려운 일이 아니면 혹 처리해 주시겠습니까? 나머지 많은 사연은 다음 편에 전하고 이만 갖추지 못합니다.

9월 14일
중열仲悅이

해설

　이중열李仲悅(1518~1547)이 지방관으로 있는 사람에게 청탁하기 위해 보낸 편지이다.

　이중열의 자는 습지習之, 호는 과재果齋, 본관은 광주廣州이다. 1539년에 문과에 급제하여 이조 정랑에 이르렀다. 1545년 을사사화에 연루된 이휘李輝를 변호하다가 파직되어 갑산에 유배되고, 1547년 사사되었다. 조정에 있을 때 이황李滉에게 인정을 받았고, 유희춘柳希春·노수신盧守慎 등과 친교를 맺었다. 편서로는 『을사전문록乙巳傳聞錄』이 있다.

7. 박순의 시

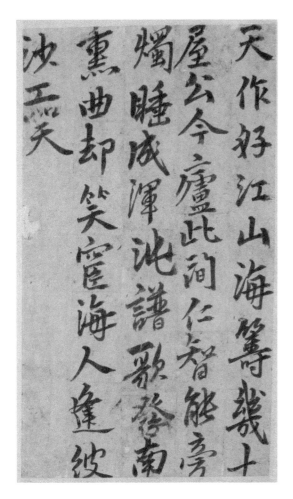

하늘이 좋은 강산을 만들었는지	天作好江山
지금 수십 겹의 세월이 흘렀네	海籌幾十屋
공이 지금 이 사이에 집 지으니	公今廬此間
인과 지로 강산을 두루 비출 수 있네	仁智能旁燭
잠에서 혼돈의 악조를 완성하고	睡成渾沌譜
노래는 남훈의 곡조를 읊조리네	歌發南薰曲
도리어 우습네, 벼슬하는 사람이	却笑宦海人
저 사공을 만나 데려 달라 우는 것이	逢彼沙工哭

해설

　박순朴淳(1523~1589)이 지은 5언 율시이다. 벼슬하던 상대방이 강산에 집을 짓고 은거한 것을 읊었다. 박순이 시를 써 준 상대는 자세히 알 수 없다.

　박순의 자는 화숙和叔, 호는 사암思菴, 시호는 문충文忠, 본관은 충주이다. 기묘명현己卯名賢 박상朴祥의 조카이다. 서경덕徐敬德의 문인이다. 1553년 문과에 장원한 뒤 홍문관 수찬·교리校理 등을 거쳐, 1572년 우의정에 임명되고, 1579년에는 영의정에 임용되어 약 15년간 재직하였다. 일찍이 서경덕에게 학문을 배워 성리학에 널리 통했으며, 특히 『주역』에 대한 연구가 깊었다. 문장이 뛰어나고 시에 더욱 능해 당시唐詩 원화元和의 정통을 이었으며, 글씨도 잘 썼다.

　중년에 이황李滉을 사사했고, 만년에 이이·성혼成渾과 깊이 사귀어 "이 세 사람은 용모는 달라도 마음은 하나이다."라고 할 정도였다. 광주光州의 월봉서원月峰書院, 개성의 화곡서원花谷書院, 영평永平의 옥병서원玉屛書院에 제향되었고, 저서로는 『사암집』이 있다.

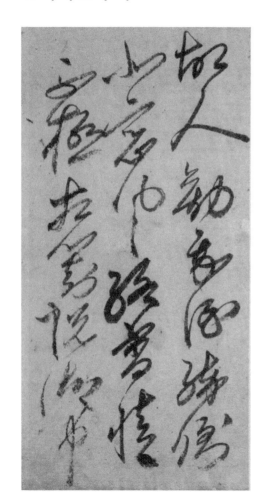

故人勸我酒, 醉倒北窓風.

終宵情不極, 相對悅湖中.

벗이 나에게 술을 권하니   故人勸我酒

취하여 북창의 바람결 아래 누웠어라   醉倒北窓風

밤을 새워도 이 정을 다 펼치지 못하지만   終宵情不極

서로 마주하며 호수에서 기뻐하노라   相對悅湖中

해설

이 시는 이제신李濟臣(1536~1583)이 지은 것이지만, 그의 문집인 『청강집淸江集』에는 보이지 않는다. 이제신의 자는 몽응夢應, 호는 청강淸江, 본관은 전의이다. 그는 1564년 문과에 급제하고, 『명종실록』 편찬에 참여하였으며, 사신으로 명나라에도 다녀왔다. 또 지방관으로 선정을 베풀었으며, 함경북도 병마절도사 시절 여진족 이탕개尼湯介의 침입으로 경원부가 함락되자, 패전의 책임으로 의주에 유배되어 그곳에서 사망했다.

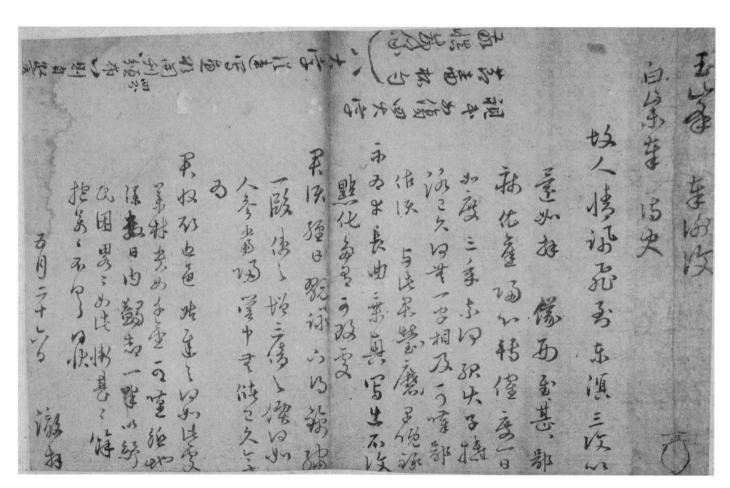

玉峯奉謝復

白參奉侍史

(수결)

故人情紙, 飛到東溟, 三復以還, 如拜儀面, 慰甚慰甚. 鄙病依舊, 歸心轉催, 度一日如度三年, 奈何. 服火子抵洛已久, 何無一字相及, 可嘆. 鄙作須
與此君磨瑩, 早晚錄示, 爲幸. 長曲乘興寫出, 不復點化, 多有可改處. 君須經日翫詠, 下得錦繡一段, 使之增三倍之價, 何如? 人參當歸, 營中無儲已
久, 今方爲君, 收欲近邑, 姑遲之何如? 此處藥材, 貴如千金, 可嘆. 紙地, 僕數日內斸却一半, 以紓民困. 묠묠如此, 慚甚慚甚. 餘控萬萬, 不具. 謹狀.

五月二十六日, 澈拜.

視民如傷四大字, 節嗇杯勻敬愼威儀八大字, 從速寫惠. 欲開刊, 四則頒布, 八則自警.

[피봉]

옥봉玉峯께 답장 올림

백 참봉白參奉 시사侍史께

(수결)

벗의 정겨운 편지가 동쪽 바다로 날라 옴에 거듭 읽어 보니 얼굴을 뵙는 듯했고 매우 위로되었습니다. 저는 병이 여전하여
돌아가고픈 생각이 갈수록 급해져 하루를 보내는 것이 삼 년을 보내는 듯하니 어찌 하겠습니까. 복화자服火子는 서울에 도착한
지 이미 오래인데 어찌된 일인지 편지 한 통도 없으니 한탄스럽습니다.

제가 지은 것을 반드시 이 사람과 함께 다듬어 조만간 적어서 주시면 다행이겠습니다. 긴 노래[長曲][08]는 흥에 겨워 지은 것으로 다시 고쳐 짓지 않아서 고칠 곳이 많습니다. 그대가 반드시 여러 날 읽어보고 금수錦繡 한 조각[09]을 내려 주셔서 그 값어치가 세 배 더 오를 수 있도록 해 주시는 것이 어떠하겠습니까?

　　인삼과 당귀는 감영 중에 저장한 것이 없는 지가 오래되었습니다. 지금 그대를 위해 가까운 고을에서 거두고자 하니 우선 기다리시는 것이 어떻겠습니까? 이곳의 약재는 천금같이 귀하니 한탄스럽습니다. 종이는 제가 며칠 내로 반을 덜어 백성들의 곤궁함을 풀겠습니다. 소략하기가 이와 같으니 매우 부끄럽습니다. 나머지 품은 많은 생각은 갖추지 않습니다. 삼가 올립니다.

　　5월 26일에
　　철澈 올림

　　'백성을 보기를 다친 사람 보듯이 하다[視民如傷]'는 네 대자大字와 '술을 절제하고 위의를 신중히 가진다[節齒杯勺 敬慎威儀]'는 여덟 대자大字를 빨리 써서 주십시오. 새겨서 네 자는 반포할 것이고 여덟 자는 스스로 경계할 용도로 쓸 것입니다.

---

08 긴 노래 : 정철이 지은 「관동별곡」을 가리키는 듯하나 미상이다.

09 금수(錦繡) 한 조각 : 자신이 지은 글에 대한 상대방의 훌륭한 교정을 비유하여 한 말이다.

해설

5월 26일에 정철鄭澈(1536~1593)이 백광훈白光勳(1537~1582)에게 보낸 편지이다. 자신이 지은 긴 노래를 교정해 줄 것과 훈계의 용도로 쓸 글씨를 써 줄 것을 부탁하였다. 정철이 1580년에 강원도 관찰사를 지낼 때 쓴 것으로 추정된다.

정철의 자는 계함季涵, 호는 송강松江, 본관은 연일이다. 1562년에 문과에 급제하여 1580년에 강원도 관찰사를 지냈고 1590년에 좌의정에 올랐고 인성부원군寅城府院君에 봉해졌다. 1593년에 사은사謝恩使로 명나라에 다녀왔다. 시호는 문청文淸이다. 「관동별곡」·「사미인곡」 등의 가사와 시조 107수가 전하며 『송강집』이 있다.

백광훈의 자는 창경彰卿, 호는 옥봉玉峯, 본관은 해미이다. 삼당시인三唐詩人의 한사람이다. 박순朴淳의 문인으로 양응정梁應鼎·노수신盧守愼에게서 수학하였다. 1564년에 진사가 되었고 1572년에 명나라 사신이 오자 노수신을 따라 백의白衣로 제술관製述官이 되었다. 1577년에 선릉 참봉宣陵參奉을 지내고 이어 정릉靖陵·예빈시禮賓寺·소격서昭格署의 참봉을 지냈다. 이산해李山海·최립崔岦 등과 팔문장八文章의 칭호를 들었으며 글씨에 일가를 이루어 영화체永和體에 뛰어났다. 저서로는 『옥봉집』이 있다.

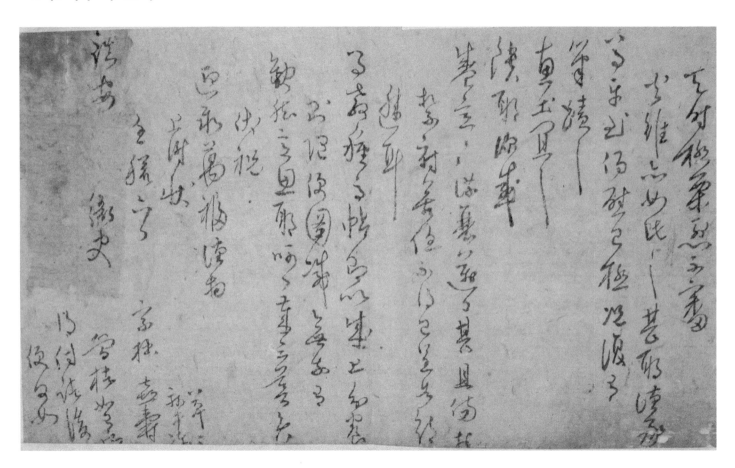

[피봉]

鎭安衙史

天時極栗烈, 不審火維亦如此之甚耶? 謹承尊樂至, 仰慰已極. 況復有筆蹟之惠土宜之饋耶! 深感盛意盛意. 僕衰邁日甚, 且傷於繫府苦任, 不得已呈告待遞耳. 有敎種馬帖, 卽以成上, 分養則隨便圖減, 無前有缺然意思耶? 呵呵, 歲云暮矣. 伏祝迎新萬福. 謹拜上謝狀.

壬臘六日, 宗拙喜壽病中凍草草.

簡楮, 如有所得, 付諸後便何如?

[피봉]

진안鎭安 아사衙史께

날씨가 극도로 매섭게 추운데 남쪽 지방도 이와 같이 심합니까? 삼가 당신께서 평안하다는 소식을 받고 우러러 위로됨이 끝이 없습니다. 하물며 다시 직접 쓰신 편지와 토산물을 보내 주심에 있어서이겠습니까. 두터운 정에 깊이 감사드립니다. 저는 쇠약해지는 몸이 날로 심해지는데 또한 몸이 매인 관청의 괴로운 임무에 상하여 부득이 사직서를 올리고 체직을 기다리고 있을 따름입니다.

말씀하신 종마첩種馬帖을 곧바로 만들어 올리니 분양分養하시는 데 있어서는 편하신 대로 줄이시면 될 것인데, 전과 같은 허전한 마음은 없습니까? 우습습니다. 한 해가 저물어 가고 있습니다. 삼가 새해를 맞이하여 만복을 받으시길 기원합니다. 삼가 절하고 편지를 올립니다.

임년壬年 12월 6일

종졸宗拙 희수喜壽는 병중에 언 손으로 대충 씁니다.

편지지를 얻은 것이 있으면 후편에 보내 주시는 것이 어떻겠습니까?

해설

심희수沈喜壽(1548~1622)가 진안 현감에게 보낸 편지로 토산물을 보내 준 데 대한 고마운 마음을 전하고 상대가 부탁한 종마첩種馬帖을 만들어 보냄을 알리기 위해 보낸 편지이다.

심희수의 자는 백구伯懼이고, 호는 일송一松·수뢰누인水雷累人이며, 본관은 청송이다. 1572년 별시 문과에 급제하여 승문원에 등용되었고, 1583년 사가독서했다. 1591년 응교로 선위사宣慰使에 임명되어 동래에서 일본 사신을 맞았다. 1592년 임진왜란 때 의주로 선조를 호종했다. 중국어에 능통하여 도승지로 임명되어 명나라 장군 이여송李如松을 영접했다. 그 후 대사헌·이조 판서·양관대제학·좌우찬성·좌의정 등을 역임했다. 저서로 『일송집』이 있다. 시호는 문정文貞이다.

11. 김부필의 시

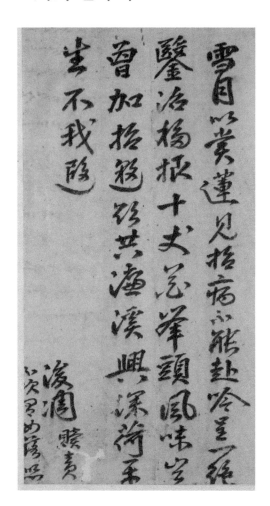

雪月以賞蓮見招, 病不能赴, 吟呈一絶.

鑑沼榴根十丈藟, 峯頭風味豈曾加.
招邀欲共濂溪興, 深荷閑生不我遐.

後彫.

贖責不次, 有如落照.

설월당 김부륜이 연꽃 감상에 초대했으나 병으로 갈 수 없어 절구 한 수를 읊어 보낸다.

맑은 연못에 자란 연뿌리엔 열 길 연봉우리가 있고	鑑沼福根十丈花
산꼭대기의 풍경과 취미는 어찌 일찍이 더하겠는가	峯頭風味豈曾加
서로 맞이하여 염계의 홍취를 함께 하려고 하니	招邀欲共濂溪興
무성한 연꽃은 한가로이 자라서 나를 멀리하지 않네	深荷閑生不我遐

후조당後彫堂

빚을 갚으려 한다. 그러나 '낙조落照' 같은 것에 차운하지 않는다.

해설

김부필金富弼(1516~1577)이 종제從弟 김부륜金富倫(1531~1598)에게 보낸 한시이다. 김부륜이 연꽃 감상에 초대했으나 병으로 가지 못하여 7언 절구 한 수를 지어 보낸 것이다.

김부필의 자는 언우彦遇, 호는 후조당後彫堂, 시호는 문순文純, 본관은 광산이다. 아버지는 운암雲巖 김연金緣이고, 퇴계 이황의 문인으로 오천칠군자烏川七君子 가운데 한 사람이다. 문집으로 『후조당집』이 있다.

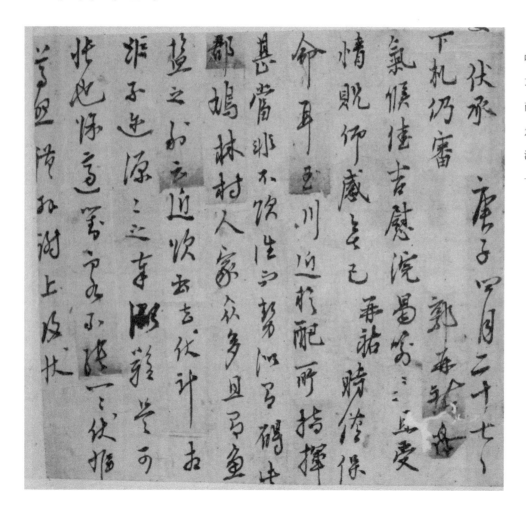

伏承下札，仍審氣候佳吉，慰浣曷喩曷喩．且受情貺，仰感無已．再祐時僅保命耳．玉川近於配所，指揮甚當，非不欲往，而勢似有碍．此郡鳩林村，人家衆多，且有魚鹽之家云，近欲出去伏計．相距不邇，源源之奉似難，是可恨也．餘適對客，不能一一．伏惟尊照．謹拜謝上復狀．

庚子四月二十七日，郭再祐．(수결)

삼가 편지를 받고서 기체후가 아름답고 복이 있음을 알게 되어 마음이 씻은 듯 위로가 되니, 이를 어떤 말로 표현하겠습니까. 또한 정이 가득 담긴 선물을 받으니 끝없이 감동됩니다. 저 재우再祐는 지금 목숨만 근근이 이어나갈 따름입니다. 옥천玉川은 귀양지에서 가까우니 당신의 지휘대로 하는 것이 매우 마땅하나, 가고 싶지 않은 것이 아니라 형세상 가기 어려울 것 같습니다. 이 영암군靈巖郡의 구림촌鳩林村[10]은 민가가 많고 또한 물고기와 소금을 내는 집도 있다고 하니 가까운 시일내에 나아가 보려 생각하고 있습니다. 서로의 거리가 가깝지 않아 자주 만나기가 어려우니, 이것이 참으로 애닯습니다. 나머지는 마침 손님과 있어 하나하나 말씀드릴 수가 없습니다. 살펴 주십시오. 삼가 답장의 편지를 올립니다.

경자년(1600) 4월 27일
곽재우 (수결)

해설

이 편지는 곽재우郭再祐(1552~1617)가 수신인을 알 수 없는 사람에게 보낸 것이다. 곽재우는 1600년 2월 당시 경상도 좌병사로 있었는데, 이때 도산성島山城의 수축을 계청하였고 이것이 받아들여지지 않자 소를 올리고 고향으로 돌아왔다. 이것이 빌미가 되어 대간의 탄핵을 받아 귀양을 가게 되었는데, 귀양을 간 직후 지인에게 보낸 편지로 추정된다. 이 편지는 곽재우의 원래 편지를 모두 해체하여 한 줄 한 줄 다시 현 판본의 폭에 맞게 가져다 붙인 것이다.

곽재우는 자가 계수季綏, 호는 망우당忘憂堂, 본관은 현풍玄風이다. 곽재우가 임진왜란과 정묘왜란의 영웅임은 설명하지 않아도 아는 사실이다. 곽재우는 1585년 문과에 합격하였으나 그가 지은 글이 거슬린다는 이유로 파방되었고, 그 이후 과거에 나가지 않고 고향에 은거하였다. 그러나 임진왜란 때 전공을 세웠고, 이 공으로 여러 벼슬을 하였다. 시호는 충익忠翼이다.

---

10 구림촌(鳩林村) : 전라남도 영암군에 있는 마을이다. 1600년 이곳으로 곽재우가 유배를 갔다.

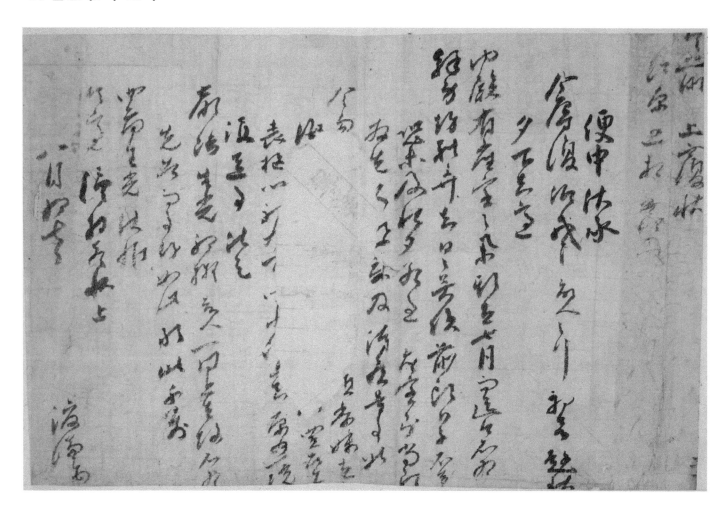

[피봉]

令前上覆狀

江原二相節下

便中伏承令辱復. 仰風碩人之行, 初欲趨口夕下矣, 適內殿有産室之擧, 期在七月, 而迄今不爲解身, 勢難棄去, 日日是俟. 前頭日子不多, 恐未及秋夕. 若至産室, 則當卽爲口(先)口口床及諸候. 是事姑令勿口……口季妹在作口……口豊者之喪, 抱心口口口口口口口原爲一說, 須送事, 伏乞聽法生光. 初擬憂人一向上去, 故不爲先告, 而事勢如此, 敢此千萬四命生光. 伏惟令亮. 謹拜答狀上.

八月初七日, 浚謙頓.

[피봉]

영감께 답장을 올립니다.

강원江原 이상二相[11]께

인편에 답장을 받았습니다. 행차를 우러러 바라보며 애초에 저녁 무렵 나아가려고 했습니다만 마침 내전內殿[12]이 산실産室에 있는데 해산 일자가 7월이지만 여태 해산을 하지 않고 있어서 놓아 두고 가기 어려운 형편이며 날마다 이를 기다리고 있습니다. 앞으로 날짜가 많지 않아 추석에 가지 못할 듯합니다. 만약 산실에 이르면 마땅히 곧바로 −원본 결락− 여러 증후를 −원본 결락− 한마디 말씀을 하여 반드시 보내 주실 것이며 법을 따르시어 빛을 내 주시기를 바랍니다. 처음에는 한결같이 올라가려고

---

11 강원(江原) 이상(二相) : 강원도 관찰사로 가 있는 찬성 벼슬을 하였던 사람을 말한다.

12 내전(內殿) : 한준겸의 딸 인열왕후(仁烈王后)를 말하는 듯하다.

했기 때문에 먼저 고하지 않았는데 일이 이와 같이 되었으니 천만 사방으로 명령하셔서 빚을 내 주시기를 바랍니다. 삼가 영감께서는 살펴 주십시오. 삼가 답장을 올립니다.

8월 7일
준겸浚謙 올림

해설

한준겸韓浚謙(1557~1627)이 자신의 상황을 알리고 도움을 요청하기 위해 보낸 편지이다. 서간 중앙에 원본이 상당 부분 떨어져 나가 상세한 내용을 알기 어렵다.

한준겸의 자는 익지益之, 호는 유천柳川, 본관은 청주이다. 조선 인조의 장인이다. 1586년에 문과에 급제하여 1589년에 금천 현감衿川縣監을 지내는 중 정여립鄭汝立의 생질인 이진길李震吉을 천거한 일로 연좌되어 투옥되었다. 1592년에 예조 정랑을 거쳐, 강원도 도사와 원주 목사를 지냈다. 1597년에 좌부승지, 1599년에 경상도 관찰사를 지냈다. 1605년에 호조 판서, 그 후로 평안도와 함경도의 관찰사를 지냈다. 1613년에 계축옥사에 연루되어 전리방귀田里放歸되고, 1617년에 충주에 부처되었으며, 1621년에 여주에 이배移配되었다. 유배지에서 지중추부사에 임명되었고, 오도 도원수가 되어 국경수비에 힘썼다. 1623년에 인조반정으로 그의 딸이 인열왕후仁烈王后로 책봉되자 영돈녕부사로 서평부원군西平府院君에 봉해졌다. 시호는 문익文翼이다. 저서로 『유천유고柳川遺稿』가 있다.

14. 홍이상의 편지

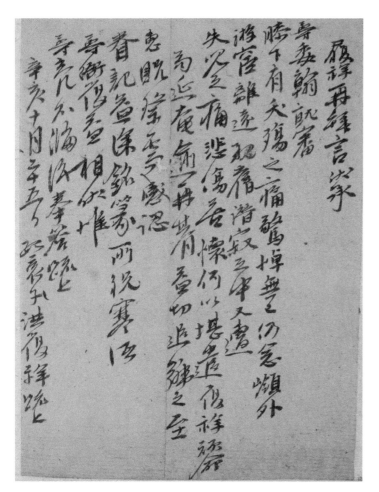

履祥再拜言. 伏承尊委翰, 就審膝下有夭殤之痛, 驚悼無已. 仍念嶺外游宦, 離遠親舊, 潛寂之中, 又遭失兒之痛, 悲傷苦懷, 何以堪遣? 履祥頑命苟延, 奄逾再朞, 益切追號之至. 惠貺祭需, 感認眷記, 益深銘篆. 所祝寒冱, 尊衛履益相. 伏惟尊亮. 不備, 謹奉答疏上.

辛亥十月二十五日, 孤哀子洪履祥疏上.

이상履祥은 재배하고 말씀드립니다. 보내 주신 편지를 받아 슬하의 어린 자식을 잃은 아픔이 있었다는 사실을 알고서 놀랍고 애도하는 마음이 끝이 없습니다. 생각건대 멀리 고개 밖으로 벼슬하시면서 친구들과 멀리 떨어져 지내며 적막하게 지내시는 가운데 또 어린 자식을 잃는 아픔을 당하셨으니 슬프고 고통스러움을 어찌 견뎌내십니까?

이상은 질긴 명을 구차하게 연명하고 있으며 어느덧 두 번째 기일을 넘겼으니 어버이에 대한 추모의 정이 더욱 절실합니다. 보내 주신 제수는 돌아봐 주시고 기억해 주심에 감사드리며 깊이 마음에 새기겠습니다. 닥쳐오는 동짓달의 추위에 정무를 보시는 데 건강하시기를 바랍니다. 서식을 갖추지 못하고 삼가 답소答疏를 올립니다.

신해년(1611) 10월 25일
고애자 홍이상洪履祥이 소를 올림

해설

이 편지는 상중의 홍이상洪履祥(1549~1615)이 자식 상을 당한 사람에게 보낸 위로의 서한이다.

홍이상의 초명은 인상麟祥이라 하였으며, 자는 군서君瑞·원례元禮이며, 호는 모당慕堂이고, 본관은 풍산豊山이다. 1573년 사마시를 거쳐 1579년 문과에 급제하였다. 그 뒤 예조와 호조의 좌랑을 거쳐, 정언·수찬·지제교·병조정랑 등을 두루 지낸 뒤 사가독서를 하였다. 1592년 임진왜란 때는 예조참의로 옮겨 왕을 호종扈從하였다. 1594년 성절사가 되어 명나라에 다녀왔다. 광해군 때인 1612년 이이첨·정인홍의 일파에게 밀려나 개성유후사유후開城留後司留後로 좌천된 뒤 그곳에서 죽었다. 저서로는 『모당유고』가 있으며, 시호는 문경文敬이다.

15. 홍위의 편지

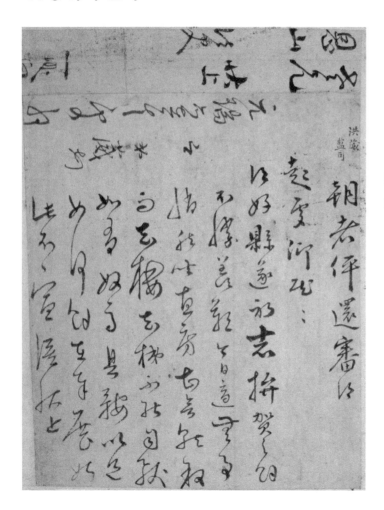

[피봉]

老兄狀上

恩山侍史

(수결) 頓

朝者伴還, 審得起處, 仰慰仰慰. 得好縣, 遂初志拚賀之餘, 不勝羨歎. 今日, 適無事, 悄然坐直房, 甚欲就斂, 而去棧去梯, 不能自致, 如有奴馬, 具鞍以送, 如何? 餘在奉展. 姑此不宣. 謹狀上.

卽, 弟葳頓.

元瑞, 亦在其處耶.

[피봉]
노형老兄께 올리는 편지
은산恩山 현감께
(수결) 돈頓

아침에 돌아온 인편으로 당신의 안부를 알 수 있어서 매우 위로가 됩니다. 좋은 은산 고을을 얻어서 처음 뜻을 이루었으니 박수 치며 축하한 나머지 부럽고 기뻐함을 가누지 못하였습니다. 오늘 마침 일이 없어서 쓸쓸히 직방直房에 앉아 있으니 매우 이야기를 하고 싶지만 누각에 오르려 하는데 사다리를 제거한 형편이라 스스로 갈 수가 없습니다. 가령 종[奴]과 말이 있으면 안장을 갖추어 보내 주시는 것이 어떠하겠습니까? 나머지는 만나서 말씀드리겠습니다. 우선 여기에서 줄입니다. 삼가 편지를 올립니다.

편지를 받은 날에
제弟 홍위洪葳 올림

원서元瑞 또한 그곳에 있습니까?

해설

홍위洪葳(1620~1660)가 은산 현감에게 종[奴]과 말을 부탁하면서 보낸 편지이다. 추록에 원서元瑞의 소식을 묻고 있다.

홍위의 자는 군실君實, 호는 청계淸溪, 본관은 남양南陽이다. 아버지는 진사 홍원호洪遠湖이다. 외삼촌 조석윤趙錫胤에게 배웠다. 1649년 성균관 유생으로서 이이와 성혼의 문묘 종사를 주청하였다. 1655년 교리로 사가독서를 하였고, 1658년 경상 관찰사로 부임하여 공무를 공정히 처리하였고, 1659년 동부승지가 되었으나 다음해 40세로 세상을 떠났다. 아들은 홍천서洪天敍의 종훈從勳으로 이조 판서에 추증되었다. 저서로는 『청계집』이 있다.

16. 김시양의 편지

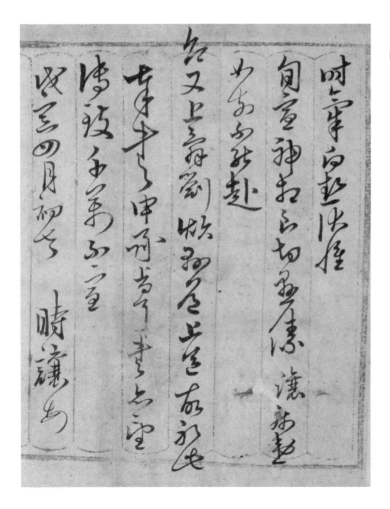

時氣向熱, 伏惟旬宣神相, 良切懸傃. 讓病患如前, 不能赴召, 又上辭箚, 煩縣道上送, 故敢此奉書申承旨耳. 書亦望傳致. 千萬不宣.

戊寅四月初七日, 時讓頓.

날씨가 점차 더워지는데 삼가 관찰사의 업무는 잘 하시는지 참으로 마음에 그립습니다. 나는 병이 여전하여 소명召命에 응할 수 없어, 또다시 사직차자辭職箚子를 올려 현도縣道[13]를 번거롭게 하여 위로 올립니다. 그러므로 감히 신 승지申承旨에게 봉서奉書[14]합니다. 신 승지에게 주는 편지 역시 전해 주길 바랍니다. 예식을 갖추지 못합니다.

무인년(1638) 4월 7일
시양時讓 드림

해설

김시양金時讓(1581~1643)이 충청 감사인 정태화鄭太和(1602~1673)에게 보낸 편지이다. 이 편지를 보낼 당시 김시양은 충주에 있었고, 『승정원일기』 인조 16년 5월 조목에 김시양이 충청 감사 정태화를 통해 병 때문에 체직遞職을 청하는 차자를 올린 기사가 확인되었다. 김시양은 이때 나이가 많았고, 눈에 병이 있어 왕의 부름에 나아가지 못하였다. 『승정원일기』에는 이해 4월 27일 벼슬을 받았고, 그 관직을 받지 못하겠다는 것이므로, 이 편지는 그 이전에 받은 관직을 사직하겠다는 편지이다. 편지에 나온 신 승지는 당시 좌부승지인 신득연申得淵이다.

김시양의 초명은 김시언金時言이다. 자는 자중子中, 호는 하담荷潭, 본관은 안동이다. 1605년에 문과에 급제하였다. 광해군 대에 벼슬을 하다가 왕의 실정을 비유한 시제를 내었다고 하여 귀양에 처해졌다. 인조반정 이후 풀려나 이괄의 난에 활약하였고, 정묘호란 직전에 평안도 관찰사 겸 체찰부사에 임명되었고, 이후 병조 판서, 그리고 도원수와 사도도체찰사를 겸임하였다. 1636년 청백리에 뽑혔다.

---

13 현도(縣道) : 지방 행정 단위의 현과 도이다. 중앙 정부의 공식적인 문서를 바로 지방 정부를 통해 올린 일을 말한다.
14 봉서(奉書) : 편지를 올린다는 뜻도 있지만, 여기서는 승정원에 정식으로 문서를 제출함을 가리킨다.

17. 김세렴의 편지

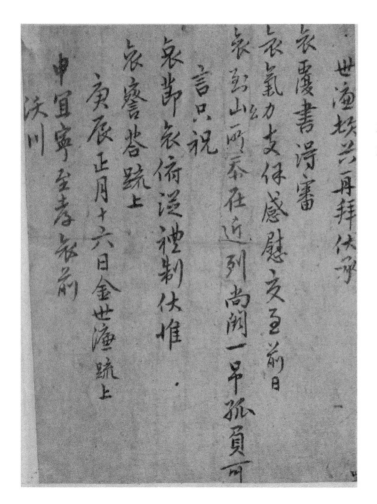

沃川
申宜寧至孝哀前

世濂頓首再拜. 伏承哀覆書, 得審哀氣力支保, 感慰交至. 前日哀到山所, 忝在近列, 尙闕一弔, 孤負可言. 只祝哀節哀俯從禮制. 伏惟哀察. 答疏上.

庚辰正月十六日, 金世濂疏上.

옥천沃川
신 의령申宜寧의 여막에

세렴世濂은 머리를 조아려 재배합니다. 상중에 있는 그대의 답서를 받고 기력을 잘 보존하고 있음을 알고서 감격과 위로가
교차하였습니다. 지난날 그대가 산소山所에 왔었는데 가까운 처지에 있으면서도 여태 조문을 못 했으니 저버림을 말로 다 하겠
습니까. 다만 굽혀서 예법을 따르며 몸을 잘 보전하기만을 바랍니다. 삼가 살펴 주십시오. 답장을 올립니다.

경진년(1640) 1월 16일
김세렴金世濂 올림

해설

1640년 1월 16일에 김세렴金世濂(1593~1646)이 신육申淯(1596~?)에게 보낸 편지이다. 상을 당한 상대방에게 미처 조문을 가지
못한 미안한 마음을 전하였다.
김세렴의 자는 도원道源, 호는 동명東溟, 본관은 선산이다. 1616년에 문과에 급제하여 1639년에 우부승지, 1645년에 대사헌을 지
냈다. 시호는 문강文康이다. 저서로는『동명집』·『해사록海槎錄』이 있다.
신육의 자는 시원時源, 본관은 고령이다. 1618년 진사가 되었고 1637년에 의령 현감을 지냈다.

18. 이덕형의 편지

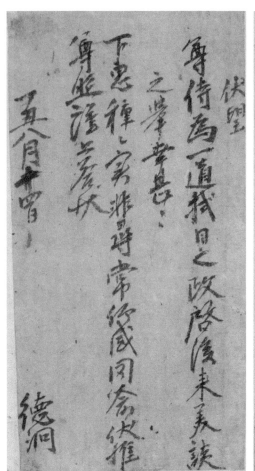
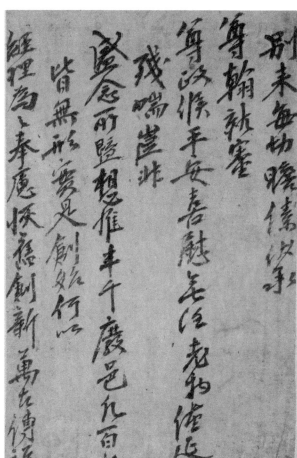

別來, 每切瞻傃, 伏承尊翰, 就審尊政候平安, 喜慰無任. 老物僅延殘喘, 豈非盛念所曁? 想惟半千廢邑, 凡百必皆無形, 實是創始, 何以經理, 爲之奉慮. 恢舊創新, 萬古傳說, 伏望尊侍爲一道拭目之政, 啓後來美談之擧, 幸甚幸甚. 下惠種種, 實非尋常, 仰感罔喩. 伏惟尊照. 謹上答狀.

丁丑八月十四日, 德洞.

이별 후에 매양 몹시 그리웠는데 보내 주신 편지를 받고 정무를 보시는 안부가 평안하심을 알고서 기쁘고 위로됨을 감당할 수 없습니다. 늙은 저는 겨우 잔명을 유지하고 있으니 어찌 깊이 생각해 주신 덕이 아니겠습니까?

오백 년 폐읍이라 모든 것이 없을 것이어서 실로 새로 시작하는 것과 같은데 어찌 다스려 나가실지 염려가 됩니다. 옛것을 본받아 새롭게 도모함은 만고에 전하는 말이니 삼가 바라건대, 그대께서 한 도의 모든 사람이 눈을 비비고 다시 쳐다보고 훗날 미담이 될 거사를 열어 펼치신다면 매우 다행이고 다행이겠습니다.

보내 주신 여러 가지 물건들은 실로 범상한 것이 아니니 우러러 감사하오며 무어라 말할 길이 없습니다. 삼가 살펴 주십시오. 삼가 답장을 올립니다.

정축년(1637) 8월 14일

덕형德泂

해설

이덕형李德泂(1566~1645)이 1637년에 어느 고을의 수령으로 부임한 사람에게 보낸 편지로 추정된다.

이덕형의 자는 원백遠伯이고, 호는 죽천竹泉이며, 본관은 한산韓山이다. 1590년에 진사가 되고, 1596년 정시 문과에 을과로 급제, 예문관 검열이 되었다. 광해군이 영창대군永昌大君을 해치고 인목대비를 유폐시킬 때에 직접 반대의 입장에 서지 않고, 왕의 뜻에 따르거나 소극적인 태도를 취하였다. 광해군 말년에 도승지로 있을 때 세태가 어지럽자, 병을 이유로 사직소를 올렸으나 허락받지 못하였다. 인조반정 때 광해군을 죽이지 말 것을 주장했으며, 이를 본 능양군綾陽君(인조)이 충신이라고 판단하였다고 한다. 인조는 반정 후 인목대비를 맞이하는 의식에서 이덕형을 앞세워 반정을 보고했고, 능양군에게 어보御寶를 내리게 하는 데 공을 세웠다. 인조 때는 한성부 판윤이 되어 이괄李适의 난을 진압한 공으로 품계가 숭정崇政으로 오르고, 주문사奏聞使로 명나라에 다녀왔다. 1627년 정묘호란 때에는 왕을 강화에 호종하고, 1636년 병자호란 때에는 남한산성에 호종하였다. 환도 후 예조 판서·판의금부사·지돈녕부사·우찬성 등을 지냈으며 영의정에 추증되었다. 시호는 충숙忠肅이다. 저서로는 『죽창한화竹窓閑話』·『송도기이松都記異』등이 있다.

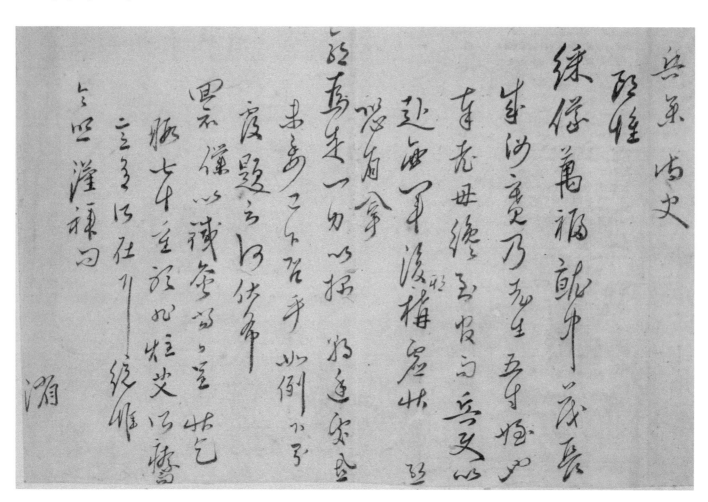

[피봉]

兵參侍史

卽惟䌽儀萬福. 就中, 茂長成汝寬, 乃老生五寸姪也. 奉老母纔到官, 而兵使以赴西軍後, 期構虛狀啓. 恐有拿命. 爲走一力, 以探朝廷處置. 未委已下否乎. 如例下, 則覆題云何. 伏希回示. 僕以鍼灸, 當日呈狀乞暇. 七十重體, 非炷艾所療, 而意有所在耳. 統惟令照. 謹拜問.

洧.

[피봉]

병참兵參 시사侍史

당신의 근황이 만복하시리라 생각합니다. 드릴 말씀은 무장 현감茂長縣監 성여관成汝寬[15]은 바로 노생老生의 5촌 조카입니다. 노모를 모시고 겨우 임관하였는데 병마절도가 부서군赴西軍을 보내는 데 뒤처졌다는 이유로 허위 장계狀啓를 꾸미려 하였는데, 혹시라도 잡아오라는 명이라도 있을까 하여 종 한 사람을 빨리 보내 조정의 조치를 살펴보십시오. 모르겠습니다만 잡아오라는 명이 내려왔는지요? 관례대로 명이 내려왔다면 복제覆題[16]에서는 무엇이라고 말하였습니까? 삼가 회답을 주시기 바랍니다.

저는 침과 뜸을 맞아야 하는지라 당일에 장계를 올려 휴가를 청하려 합니다. 일흔의 중병에 걸린 몸은 쑥뜸으로는 치료할 수 있는 것이 아니나 뜻하는 바가 있기 때문입니다. 영감께서는 살펴 주십시오. 편지를 드립니다.

성계이

---

15 성여관(成汝寬) : 자는 자율(子栗), 본관은 창녕이다. 증조부는 성희혁(成希赫)이고, 조부는 성세장(成世章)이고, 부친은 성오(成澳)이다. 1623년 문과에 급제한 뒤 1625년 지평에 임명되었다. 1626년 무장 현감에 제수되었고 이후 사간 · 장령 · 정언 · 집의 · 헌납 등을 역임하였다.

16 복제(覆題) : 제음(題音)에 대하여 다시 제하는 것, 즉 올린 보고서에 다시 판결하는 것이다.

해설

　서성徐渻(1558~1631)이 5촌 조카 성여관成汝寬의 사건을 해결하기 위해 병조 참판에게 보낸 편지이다.

　서성의 자는 현기玄紀, 호는 약봉藥峯, 시호는 충숙忠肅, 본관은 대구大丘이다. 이이李珥·송익필宋翼弼의 문인이다. 1592년 병조 좌랑 때 선조를 호종하였으나 계축옥사癸丑獄事 때 유배되었다. 1623년 인조반정으로 형조 판서에 복직된 뒤 병조 판서가 되었다. 1624년 이괄李适의 난과 1627년 정묘호란 때 인조를 호종하였다. 역학易學에도 조예가 있고 서화에도 뛰어났다. 영의정에 추증되고, 대구의 구암서원龜巖書院에 제향되었다. 문집으로 『약봉집』이 있다.

20. 조경의 편지

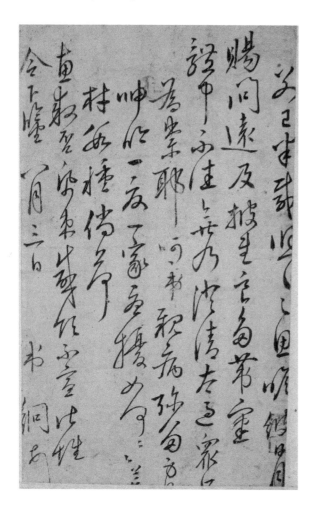

別已半載, □□之思, 瞻彼日月, 賜問遠及, 披慰良多. 第審體中不佳, 無乃澄淸太過, 衆□爲祟耶. 呵呵. 弟親病彌留, 身□呻吟一夏, 一家憂擾, 如何如何. 藥材數種, 倘荷惠救否. 紙束感領. 不宣. 伏惟令下鑒.

八月三日, 弟絅頓.

이별한 지 이미 반년이 지나 −2글자 빠짐− 그리움으로 해가 가고 달이 가다 멀리서 내려 주신 문후의 편지가 이르렀으니, 열어 보고 위로됨이 참으로 많았습니다. 다만 체후가 좋지 않다고 알았는데, 이는 맑음이 너무 지나쳐 뭇사람들의 입에 빌미가 된 것이 아닙니까. 우습습니다.

저는 어버이의 병환이 오래 낫지 않고 몸으로 −1글자 빠짐− 여름 한철을 신음하여 한 집안이 근심에 싸여 있으니 어찌하겠습니까. 약재 몇 종류를 구해 주실 수 있습니까? 편지지는 감사히 잘 받았습니다. 나머지는 줄입니다. 삼가 영감께서는 살펴 주십시오.

8월 3일
제弟 경絅이 올림

해설

조경趙絅(1586~1669)이 지인에게 아버지에게 쓸 약을 부탁한 편지이다. 수신인은 알 수 없다. 조경은 자가 일장日章, 호는 용주龍洲, 본관은 한양이다. 빠진 글자가 세 글자인데, 앞의 두 글자는 '연연戀戀' 또는 '현현懸懸'으로 추정되나 그립다는 표현이 있어 문맥에 방해되지는 않고, 뒤의 한 글자는 아예 잘려 나가 글자 자체를 알아볼 수 없지만, 이 역시 몸이 아프다는 의미로 볼 수 있다.

조경은 광해군의 난정에 대과를 단념하였으나, 인조반정 후 유일에 천거되었고, 1626년에 문과에 급제하였다. 그는 정묘호란과 병자호란에 척화를 주장하였고, 심지어는 일본에 병력을 요청하여 청나라를 공격하자고도 하였다. 그러나 이는 받아들여지지 않았다.

老病昏耗全廢人事 旣不得趨拜大不如
侍
候只祈歲祺伏承
令季間感憶至至僕爲一章敕命方蒙
蒙孝擢謂不勝恠惟門閥嫁來
邇違其間出行以此寺署二年無作帥而
胡末言某人爲守生僕以此路之今卌
台教帳其不早親然行子別成比年餘敗
伏于戰不備伏惟
台鑒 謝狀
庚子眞遠
候人無世說遠

142

老病益劇, 全廢人事, 旣不得趨拜, 又不得伴候, 尋常歎恨, 伏承台書問, 感愧竝至. 僕爲一棄物, 而尙帶叨厚提調, 不勝惶悶. 累疏未蒙恩遞, 其悶如何. 以此奉署之事, 專委於郞廳, 朝來言某人當受出云, 僕只點頭而已. 今承台敎, 恨其不早知也. 然行不則成上耳. 餘病伏手戰不備. 伏唯台鑒. 謝狀上.

庚子八月念日, 服人鄭世規再口(拜).

　노년의 병이 더욱 심해져 사람 노릇을 완전히 폐하여 나아가 뵙지도 못하고 사람을 보내 안부를 여쭙지도 못해 늘 한탄하고 있었는데 대감의 서찰을 삼가 받으니 감격과 부끄러움이 함께 닥쳤습니다. 저는 한 쓸모없는 것이 되었는데 아직 참람스럽게 귀후서歸厚署 제조提調[17] 자리를 차지하고 있으니 황공하고 민망하기 그지없습니다. 사직소를 여러 차례 올렸으나 체직을 허락받지 못했으니[18] 답답함이 어떠하겠습니까. 이 때문에 서경署經을 받는 일[19]을 오로지 낭청郞廳[20]에게 맡겨놓았는데 조정에서 와서 하는 말이 모인某人은 마땅히 받으러 나와야 한다고 해서 저는 다만 끄덕였을 뿐입니다. 지금 대감의 말씀을 듣고 보니 일찍 알지 못한 것이 한스럽습니다. 그러나 가부에 대해서는 작성하여 올렸습니다. 나머지는 병들어 누워 지내는지라 손이 떨려 서식을 갖추지 못합니다. 대감은 살펴 주십시오. 답장을 올립니다.

　경자년(1660) 8월 20일에
　상중의 정세규鄭世規가 두 번 절합니다.

---

17 귀후서(歸厚署) 제조(提調) : 정세규는 1655년 11월에 귀후서 제조에 임명되었다.(『승정원일기』 효종 6년 11월 16일)

18 사직소를……못했으니 : 정세규가 본 편지를 쓰기 전 해까지의 사직을 청한 사실과 면직을 받은 사실은 『승정원일기』에 드러나 있다. 1656년 6월, 1658년 1월, 1658년 12월 3일, 1658년 12월 5일에 사직 상소를 올려 1658년 12월 6일에 제조의 면직을 허락받았고 1659년 8월에는 본직인 지사 벼슬에 대한 면직을 허락받았다. 그러나 1660년 당해에는 관련 기록이 보이지 않아 재임명 여부를 확인하기 어렵다.

19 서경(署經)을 받는 일 : 관원을 임명한 뒤에 심사를 거쳐 사헌부와 사간원에 동의를 받는 것을 말한다.

20 낭청(郞廳) : 각 관아의 당하관을 말하며 실무 담당한 관원이다.

해설

1660년 8월 20일에 정세규鄭世規(1583~1661)가 보낸 편지이다. 그는 죽기 전 7년 간 한 번도 출사하지 않고 물러나 지내며 사직을 청하였는데(『송파집松坡集』「고 자헌대부 이조판서 겸 지의금부사 오위도총부 도총관 정공 행장故資憲大夫吏曹判書兼知義禁府事五衛都摠府都摠管鄭公行狀」) 본 서간은 사직 상소를 올린 후의 자신의 처신과 사정을 알린 것이다.

정세규의 자는 군칙君則, 호는 동리東里, 본관은 동래이다. 1613년에 생원이 되었고, 음직으로 벼슬을 하여 이조 판서를 지냈다. 시호는 경헌景憲이다.

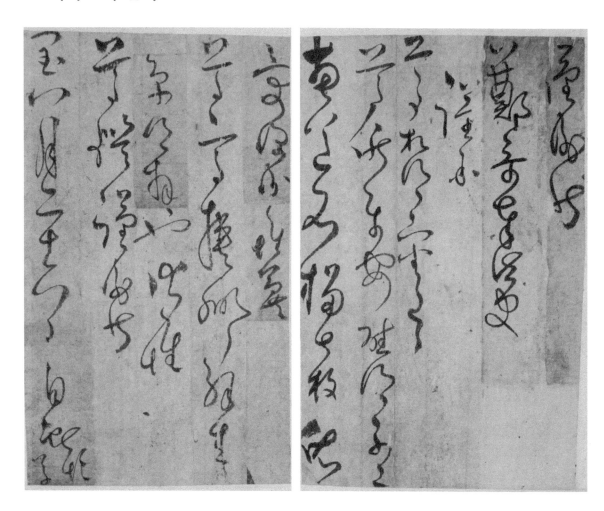

[피봉]

謹謝狀

鄭參奉侍史

謹承尊札, 得審尊候萬安, 慰得不已. 惠送石榴七枝依受, 深謝. 惟冀尊高捷鄕解, 來京得拜也. 伏惟尊鑑. 謹謝狀.

閏八月二十六日, 自獻忙草.

[피봉]

삼가 답장을 올립니다.

정 참봉께

삼가 편지를 받고 편안하시다는 것을 알아 위로됨이 끝이 없습니다. 보내 주신 석류 일곱 가지를 잘 받았으며 매우 감사합니다. 오직 향시에서 높은 성적을 받아 서울로 오셨을 때 뵐 수 있기를 바랍니다. 삼가 살펴 주십시오. 삼가 답장을 올립니다.

윤 8월 26일

자헌自獻은 바삐 씁니다.

해설

기자헌奇自獻(1562~1624)이 정 참봉에게 선물을 받은 것에 대한 고마운 마음을 전하기 위해 보낸 편지이다.

기자헌의 초명은 자정自靖이고, 자는 사정士靖이며, 호는 만전晚全이고, 본관은 행주幸州이다. 1590년에 문과에 급제했다. 1592년 임진왜란이 일어나자 예문관 봉교 겸 설서로 선조의 피난길을 따라갔다. 1597년 진하사進賀使가 되어 명나라에 다녀온 뒤 강원도 관찰사 · 부제학 · 대사헌을 지냈다.

기자헌은 1623년 인조반정 때 김유 · 이귀 등이 인조반정에 가담할 것을 요청했으나 신하로서 왕을 폐할 수 없다 하여 거절했으며, 반정 뒤에도 인조가 불렀으나 나가지 않았다. 이 때문에 이해 7월 역모죄로 서울에 압송되어 있다가 1624년 이괄이 반란을 일으키자 내응하리라는 혐의를 받고 처형되었다. 그의 가족도 몰살당했다. 1627년 이원익 · 이귀의 상소로 관직이 복관되었다.

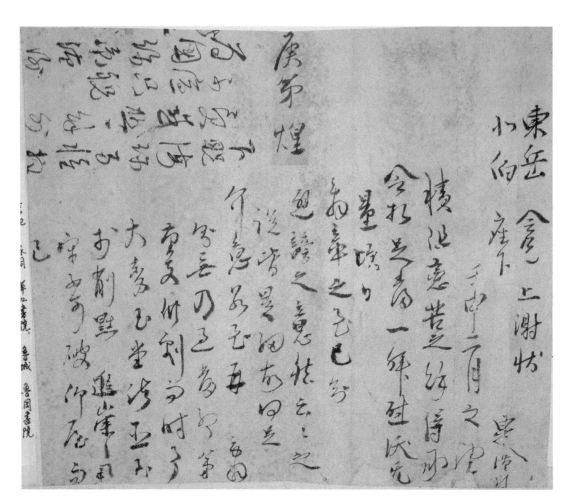

[피봉]

東岳令兄上謝狀

北伯座下

(수결) 謹封

積阻戀苦之餘, 得承令札, 足當一拜, 慰沃无量. 頃日辭章之至, 已知避謗之意. 然云云之說, 皆是細故, 何足介意. 若至再勞困, 則無乃至當耶? 弟
董支供劇, 而時事大變, 玉堂諸臣, 至於削黜. 追崇之擧, 牢不可破, 仰屋而已. 下貺海珍, 兩種想受, 感極感極. 餘外不宣. 只祝爲國珍衛. 謹謝狀.

壬申二月之望, 庚弟煌.

[피봉]

동악東岳[21] 영형令兄에게 올리는 답장

북백北伯 좌하께

(수결) 삼가 봉함

오래 소식이 막혀 그리워하던 때에 당신의 편지를 받으니 한 번 만난 듯하여 매우 위로가 됩니다. 지난번 사직소가 올라옴에
이미 비방을 피하는 뜻이 있음을 알았습니다. 그러나 언급한 말들은 모두 자질구레한 이유이니 어찌 개의할 것이 있겠습니까?
만약 거듭 노곤함에 이르다면 너무 치나진 처신이 되지 않겠습니까? 저는 중책을 맡아 겨우 지내고 있으나 시사가 크게 변하여

---

21 동악(東岳) : 이안눌(李安訥, 1571~1637)의 호이다. 그의 자는 자민(子敏), 시호는 문혜(文惠), 본관은 덕수이다. 중조부는 좌의정 이행(李荇)이고, 종질(從姪)은 이식(李植)
이다. 1599년 문과에 급제한 뒤 예조와 이조의 정랑으로 있었다. 1601년 서장관으로 명나라에 다녀왔다. 1631년에 함경도 관찰사가 됐고, 1632년 6월에 표문(表文)을 받들
고 북경에 가서 장릉추전(章陵追典)을 주청하였다. 저서로는 『동악집』이 있다.

옥당玉堂의 여러 신하가 삭출削黜되었습니다. 추숭追崇의 일[22]은 완강하여 깨뜨릴 수 없으니 지붕만 쳐다볼 따름입니다. 내려 주신 진기한 해산물 두 종류를 삼가 받았습니다. 매우 감사합니다. 나머지는 펴지 못합니다. 나라를 위한 옥체의 건강을 축원 합니다. 삼가 답장 편지를 올립니다.

임신년(1632) 2월 보름에
동갑인 황엽煌이

---

22 추숭(追崇)의 일 : 인조의 생부인 정원군(定遠君)을 추숭하는 데 대하여 이안눌이 1631년에 의론한 것을 말한다. 인조가 선조의 다섯째 아들인 정원군의 장남으로서 1623년 반정(反正)을 일으켜 왕위에 오른 뒤, 정원군에 대해 어떻게 대우할 것이냐 하는 문제가 대두되었는데, 여러 차례의 논의를 거친 뒤에 신하들의 반대를 무릅쓰고 인조의 뜻 에 따라 1632년에 드디어 정원군을 원종(元宗)으로 추존하고, 능호(陵號)를 장릉(章陵)이라고 고쳤다.

해설

　윤황尹煌(1571~1639)이 함경도 관찰사 동악東岳 이안눌李安訥에게 보낸 편지이다. 이안눌의 『동악집』에 동갑인 이신원李信元, 정홍익鄭弘翼, 윤황 등과 주고받은 시가 여러 편 수록되어 있다.

　윤황의 자는 덕요德耀, 호는 팔송八松, 시호는 문정文正, 본관은 파평이다. 아들은 동토童土 윤순거尹舜擧, 석호石湖 윤문거尹文擧, 노서魯西 윤선거尹宣擧 등이고, 손자는 명재明齋 윤증尹拯이다. 우계 성혼의 문인이다. 1597년 문과에 급제하고 1626년 사간·보덕 등을 역임했다. 1627년 정묘호란이 일어나자 주화主和를 반대해 이귀李貴·최명길崔鳴吉 등 주화론자의 유배를 청하고, 항장降將은 참할 것을 주장하였다. 1636년 병자호란이 일어나자 정묘호란 때와 같이 척화斥和를 주장하다가, 집의 채유후蔡裕後, 부제학 전식全湜의 탄핵을 받았다. 노성의 노강서원魯岡書院에 제향되었다. 저서로는 『팔송봉사八松封事』가 있다.

24. 김상현의 편지

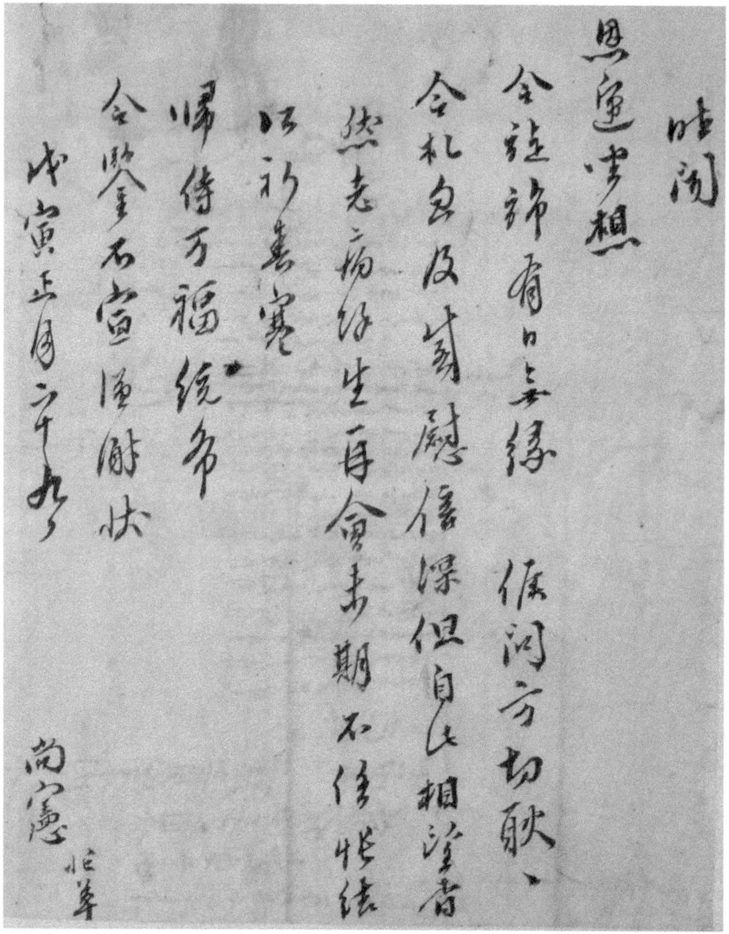

昨聞恩遞, 坐想令旋旆有日, 無緣候問. 方切耿耿, 令札忽及, 感慰倍深. 但自此相望杳然, 老病餘生, 再會未期, 不任悵結. 所祈春寒, 歸侍萬福. 統希令鑒. 不宣. 謹謝狀.

戊寅正月二十九日. 尙憲忙草.

어제 임금으로부터 은혜로운 사직의 명을 받으셨다고 들었는데, 돌아가는 행차가 며칠 되었다고 생각하니 문후를 여쭐 길이 없습니다. 바야흐로 간절히 그리울 때 영감의 서찰이 문득 오니 감사하고 위로됨이 갑절이나 깊습니다. 그러나 여기에서 바라보니 서로가 멀어 아득하여 늙고 병든 여생에 다시 만날 기약이 없으니 마음에 맺힌 그리움을 풀 길이 없습니다. 봄추위에 돌아가 부모를 모심에 만복이 있으시길 바랍니다. 살펴 주십시오. 이만 적습니다. 삼가 답장 편지를 올립니다.

무인년(1638) 정월(1월) 29일
상헌이 바쁘게 씁니다.

해설

김상헌金尙憲(1570~1652)이 벼슬을 사직하고 돌아가는 지인에게 쓴 편지이다. 김상헌은 병자호란에 주전파로 유명한 인물이며, 남한산성에서 충절을 보여 준 명신이다. 김상헌의 자는 숙도叔度, 대표적인 호는 청음淸陰, 본관은 안동이다. 그는 임진왜란과 병자호란이 이어지던 시대에 척화파를 이끈 영수였으며, 결국 병자호란 후 심양에 압송되어 6년 이후에 풀려났다. 이후 좌의정에 제수되었다.

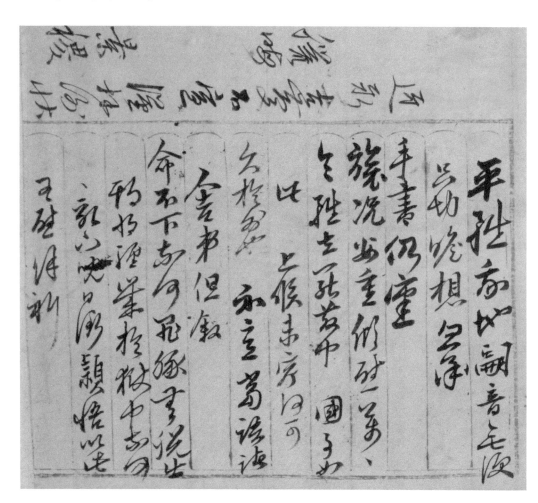

平雖家地, 嗣音無便, 只切瞻想, 忽承手書, 仍審旅況安重, 欣慰萬萬. 今雖在罷散中, 國事如此, 上候未寧, 何可久於外也. 示意, 當語諸舍弟, 但敍命不下, 奈何. 罪豚無脫出期, 將經歲於獄中, 奈何. 乳下兒, 日漸穎悟, 以此有慰. 餘祈迓新吉慶. 不宣. 謹拜謝狀.

臘晦, 景稷.

평소 비록 일가인 처지지만 소식을 들을 길이 없어 다만 절실히 그립기만 하였는데 문득 손수 쓰신 편지를 받고 객지에서 편안히 계신 줄 알았으니 기쁘기 그지없습니다. 지금 비록 현직에 있지 않지만 국사가 이와 같고 상께서 미령하니 어찌 오래 밖에 있을 수 있겠습니까. 말씀하신 뜻을 마땅히 아우들에게 말하겠지만 서용의 명령이 내려지지 않았으니 어찌하겠습니까. 죄를 입은 집의 아이는 벗어날 기약이 없고 옥중에서 해를 넘기겠으니 어찌하겠습니까. 젖먹이 아이가 날로 점점 영특해가니 이것으로 위안을 삼습니다. 나머지는 새해를 맞아 경사가 있기를 기원합니다. 서식을 갖추지 못합니다. 삼가 절하고 답장을 올립니다.

12월 그믐에
경직景稷

해설

이경직李景稷(1577~1640)이 일가의 족인에게 보낸 편지이다. 상대방의 의견을 따르려는 뜻을 전하고 아울러 연말 인사를 하였다.

이경직의 자는 상고尙古, 호는 석문石門, 본관은 전주이다. 1627년 정묘호란 때에 병조 참판으로 왕을 강화도로 호종했고 1636년 병자호란 때에 남한산성으로 왕을 호종했다. 호조 판서를 지냈으며 시호는 효민孝敏이다.

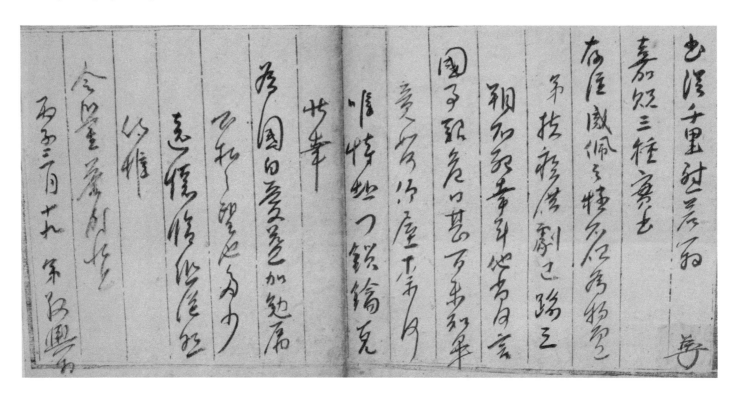

書從千里, 慰若一拜. 嘉貺三種, 實出存注, 感佩之極, 不但爲物而已. 弟扶病供劇, 已踰三朔, 不死幸耳. 他尙何言. 國事艱危日甚, 一日未知, 畢竟如何, 仰屋奈何. 唯恃北門鎖鑰克壯, 幸爲國白憂, 益加勉厲, 公私之望也. 多少遠懷, 臨紙茫然. 伏惟令監. 答謝狀上.

丙子三月十九, 弟敬輿拜. (수결)

편지가 천 리 밖에서 오니 위로되기가 마치 한 차례 뵌 것 같습니다. 보내 주신 세 가지 선물은 진실로 생각해 준 마음에서 나온 것이니 지극한 감동은 물건 때문만은 아닙니다. 저는 병든 몸을 지탱하며 많은 공무에 시달린 것이 이미 석 달을 넘었으니 죽지 않은 것이 다행일 뿐입니다. 다른 것은 무슨 말을 하겠습니까. 국사의 위급함은 날로 심해져 하루를 알 수 없으니 끝내 어찌 될 것이며 지붕을 쳐다본들 어찌하겠습니까? 오직 북문北門의 군은 문단속만을 믿으니, 나라를 위한 노년의 근심을 더욱 힘써 주실 것이 공사의 바람입니다. 다소의 굽어 쌓인 그리움이 종이를 대하여 아득합니다. 삼가 영감은 살펴주십시오. 답장을 올립니다.

병자년(1636) 3월 19일
제 경여敬輿 올림(수결)

해설

1636년 3월 19일, 이경여李敬輿(1585~1657)가 수신인을 알 수 없는 사람에게 보낸 것이다. 받은 선물에 대한 감사의 마음을 전하고 나라를 위하여 노년의 힘을 다해줄 것을 당부하였다.

이경여의 자는 직부直夫이고, 호는 백강白江·봉암鳳巖이며, 본관은 전주이다. 1609년 문과에 급제하였으나 벼슬을 버리고 낙향하였다. 1624년 이괄李适의 난이 일어나자 왕을 공주까지 호종하였다. 1636년 병자호란이 일어나자 왕을 모시고 남한산성에 피란하였다. 1642년 배청친명파로 지목되어 심양에 억류되었다가 우의정이 되었다. 1650년에 영중추부사가 되었다가 영의정이 되었다. 시문에 능하고 글씨에도 뛰어났다. 저서로 문집이 있으며 시호는 문정文貞이다.

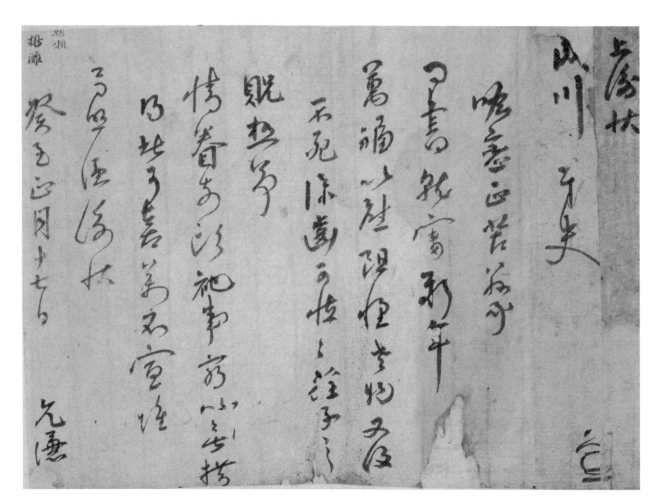

[피봉]

上謝狀

成川牙史

(수결)

瞻戀正苦, 玆承問書, 就審新年萬福, 以慰阻懷. 老物, 又復不死添齒, 可怜可怜. 荏子之貺, 極荷情眷. 前頭祀事, 窮無以措, 得此可喜. 萬不宣. 惟
令照. 謹謝狀.

癸酉正月十七日, 允謙.

[피봉]

답장을 올립니다.

성천成川 아사牙史께

(수결)

우러러 그리는 마음이 참으로 절실했는데, 이제 편지를 받고 신년에 모두 평안하심을 알고 울적한 회포에 위안이 됩니다. 이
늙은이는 또한 다시 죽지 않고 나이만 더하니 매우 부끄럽습니다. 보내 주신 들깨[荏子]는 정말 고맙게 잘 받았습니다. 앞에 닥
친 제사는 궁핍하여 마련할 수 없었는데, 이것을 얻어 참으로 기쁩니다. 나머지는 적지 못합니다. 살펴 주십시오. 삼가 답장 편
지를 올립니다.

계유년(1633) 1월 17일

윤겸允謙이

해설

　오윤겸吳允謙(1559~1636)이 1633년 성천 부사에게 보낸 답장 편지이다.

　오윤겸의 자는 여익汝益, 호는 추탄楸灘, 사당土塘, 본관은 해주海州이다. 성혼成渾의 문인이다. 1589년 전강에서 장원해 영릉 참봉·봉선전 참봉 등을 역임하였다. 1592년 임진왜란이 일어나자 양호체찰사兩湖體察使 정철鄭澈의 종사관으로 발탁되었다. 1597년 별시 문과에 병과로 급제하였다. 1617년 일본에 가서 임진왜란 때 잡혀갔던 포로 150여 명을 쇄환하고, 1622년 하극사賀極使로 명明나라를 다녀왔다. 1623년 인조반정이 일어나자 대사헌에 임명되었다. 김류金瑬·김상용金尙容 등과 함께 노서老西의 영수가 되어 남인·북인의 고른 등용을 주장하고 민심의 수습을 꾀하였다. 1627년 환도 뒤 좌의정을 거쳐 1628년 70세로 영의정에 이르렀다. 1629년 인조의 생부인 정원군定遠君을 원종元宗으로 추숭하고 또 원종의 신주를 태묘에 부묘祔廟하려는 논의가 일자, 이에 반대해 영돈녕부사로 물러났다. 이귀李貴·정경세鄭經世·이준李埈·김류 등과 교유하였다. 광주廣州의 구암서원龜巖書院에 배향되었다. 저서로는『추탄집』·『동사상일록東槎上日錄』·『해사조천일록海槎朝天日錄』등이 있다.

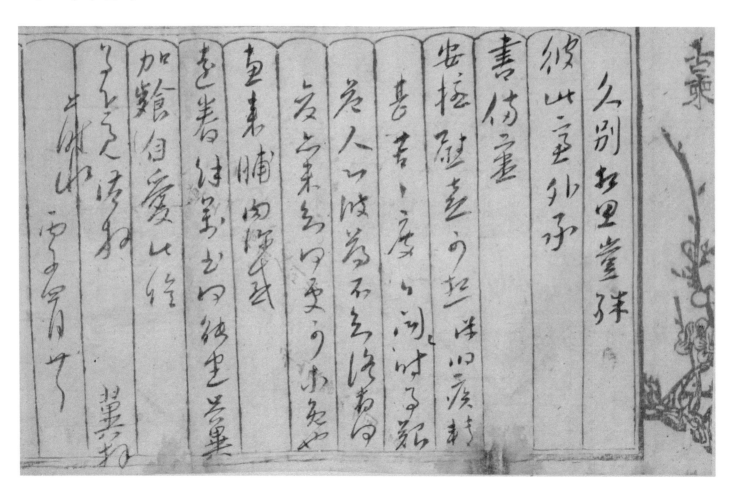

久別相思, 豈殊彼此. 慮外承書, 備審安穩, 慰喜可想. 僕舊疾轉甚, 苦苦度日, 悶悶. 時事艱危, 人心波蕩, 不知終有何變, 亦未知何處, 可等免也.
惠來脯肉, 深感遠眷, 餘萬書何能盡. 只冀加餐自愛. 伏惟尊下亮. 謹拜上謝狀.

丙子四月卄日, 翼拜.

서로 오래 헤어져 그리워하는 것이 어찌 피차가 다르겠습니까. 뜻밖에 편지를 받고 편안히 지내심을 알았으니, 그 기쁨을 진실로 생각할 수 있습니다. 저는 묵은 병이 더욱 심해져 고생스럽게 날을 보내게 되니 이것이 근심스럽습니다. 시사時事는 위태롭고 인심人心은 요동치니 끝내 무슨 변고가 있을지 모르고, 또한 어디가 모면할 만한 곳인지 모르겠습니다.

보내 주신 육포는 멀리서 돌보아 주심에 깊이 감사합니다. 나머지는 어찌 글로 다 말하겠습니까. 다만 음식을 더 드시며 자중자애하시기를 바랍니다. 살펴 주십시오. 삼가 답장 편지를 올립니다.

병자년(1636) 4월 20일
조익趙翼 올림

해설

조익趙翼(1579~1655)의 이 편지는 병자호란이 나기 전인 1636년 4월에 적은 것인데, 이 당시 이미 청의 침입이 있을 것이라는 것을 알고 민심이 흉흉해졌음을 편지의 내용에서 짐작할 수 있다. 조익은 병자호란 당시 종묘를 강화도로 옮기고 남한산성으로 인조를 호종하려 했지만, 아버지가 실종되는 바람에 남한산성으로 가지는 못했다. 그러나 경기도의 패잔병을 모아 남한산성을 회복하려 하였고, 이후 관직은 좌의정에까지 올랐다. 김육金堉과 함께 대동법을 시행하는 데 앞장섰다.

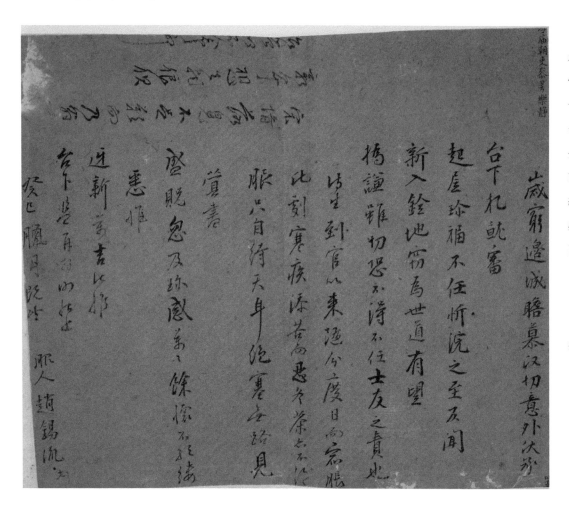

歲窮邊城, 瞻慕政切, 意外伏承台下札, 就審起居珍福, 不任忻浣之至. 及聞新入銓地, 竊爲世道有望, 撝謙雖切, 恐不得不任士友之責也. 侍生到官以來, 隨分度日, 而宿脹比劇, 寒疾添苦. 而忍冬茶亦不得服, 只自待天耳. 絶塞無路見蓂書, 盛貺忽及, 珍感萬萬. 餘懷不能縷悉. 惟迓新萬吉, 伏惟台下鑑. 再拜謹狀上.

癸巳臘月旣望, 服人趙錫胤頓.

宋壻落魄, 不足歎, 而乃翁新年, 想去就狼狽, 台監何不念之耶?

변방에서 세모를 맞으니 그리운 마음 매우 절실하였는데 뜻밖에 대감의 편지를 받고서 기거에 복이 많음을 알았으니 지극히 기쁜 마음 가눌 수 없습니다. 새로 전조銓曹에 들어갔다고 들었으니 세도世道에 희망이 있을 것인데 겸양이 절실하시니 사우士友의 책망을 감당하지 않을 수 없으실 것입니다. 저는 부임한 이래로 분수를 따르며 날을 보내고 있는데 묵은 창증脹症이 근래 발병한데다가 한질寒疾이 심해졌습니다. 그러나 인동다忍冬茶를 또한 복용하지 못하고 다만 하늘의 명을 기다리고 있을 뿐입니다. 떨어진 변경에서 달력을 볼 길이 없었는데 문득 융성하게 베풀어 주시니 매우 감격스럽습니다. 나머지 회포는 다 말할 수 없습니다. 오직 새해를 맞아 모든 일이 길하기를 바랍니다. 삼가 대감은 살펴 주십시오. 재배하고 삼가 편지를 올립니다.

계사년(1653) 12월 16일
상중의 조석윤趙錫胤 올림

송 서방이 떨어진 것은 한탄할 것이 못 되지만 저 사람의 아버지가 새해에 거취가 낭패가 될 듯하니 대감께서 어찌 생각하지 않으실 수 있겠습니까?

해설

1653년 12월 16일에 조석윤趙錫胤(1606~1655)이 보낸 편지이다. 보내 준 달력에 대해 감사의 마음을 전하고 송 모의 부친의 처지를 살펴봐 줄 것을 부탁하였다.

조석윤의 자는 윤지胤之, 호는 낙정재樂靜齋, 본관은 배천白川이다. 장유張維·김상헌金尚憲의 문인이며 1628년에 문과에 급제했고, 병자호란 직전에 화친을 반대하고 전쟁을 대비할 것을 강력히 주장했고 이후 심양瀋陽으로 인질을 보내는 것을 적극 반대하고 강화도에서 순절한 사람에 대한 구제책의 강구를 주장하였다. 1653년에 대사성이 되었다. 시호는 문효文孝이다. 저서로 『낙정집』이 있다.

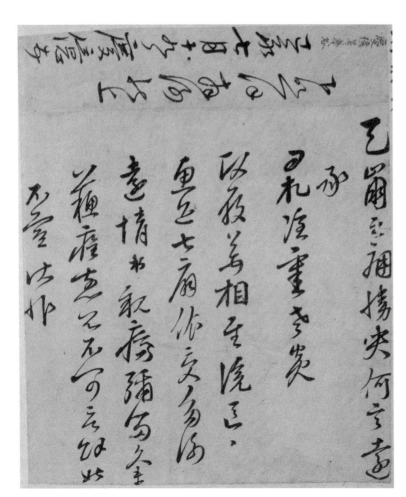

天崩之痛, 慟哭何言. 遠承問札, 憑審老炎, 政履萬相, 慰浣區區. 惠送七扇依受. 多謝遠情. 弟親病彌留, 久未蘇痊, 煎悶不可言. 餘姑不宣, 伏惟下照. 謹拜謝狀上.

己亥七月十九日, 慶億頓.

아버님이 돌아가시는 아픔을 당하심에 애통함을 어찌 말하겠습니까. 멀리서 보내신 편지를 받아 늦더위에 정무가 평안하심을 알고 구구히 위로되고 시원합니다. 보내 주신 7자루의 부채는 잘 받았습니다. 멀리서 생각해 주시는 정에 깊이 감사드립니다. 저는 어버이의 병이 계속되며 오래도록 낫지 않으니 애타고 답답한 마음을 말할 수 없습니다. 나머지는 예식을 갖추지 못하오니 삼가 살펴주십시오. 절하고 답장을 올립니다.

기해년(1659) 7월 19일
경억 올림

해설

1659년 7월 19일, 이경억李慶億(1620~1673)이 선물을 받은 데 대해 감사의 마음을 전하기 위해 보낸 편지이다.

이경억의 자는 석이錫爾이고, 호는 화곡華谷이며, 본관은 경주이다. 1644년 25세의 나이로 정시 문과에 장원해, 예조와 병조의 좌랑을 역임하고 세자시강원 사서가 되었다. 1668년 동지사가 되어 청나라에 다녀오고, 이어서 경기도 관찰사를 지낸 뒤 이조와 호조·예조·형조의 판서를 두루 역임하였다. 1672년에 우의정과 좌의정을 지냈다. 시호는 문익文翼이다. 저서로는 『화곡집』이 있다.

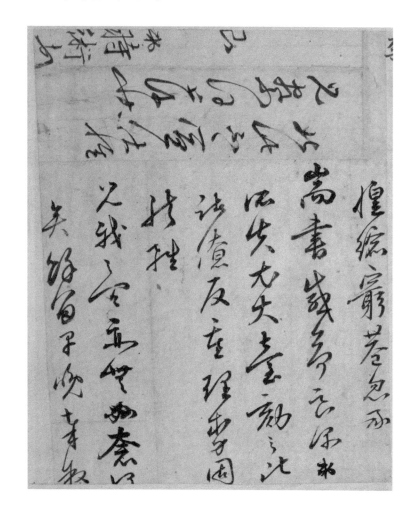

惶縮窮巷, 忽承尚書, 感荷良深. 弟所失尤大, 臺劾之, 比諸僚反重, 理勢固然. 雖兄我之間, 亦無奈何矣. 餘留早晩奉敍. 姑此不宣. 伏惟兄察. 謹上謝狀.

　卽, 弟時術頓.

　궁벽한 곳에서 두려워 움츠리며 지내고 있는데 문득 보내 주신 편지를 받으니 입은 은혜 매우 깊습니다. 제弟는 실수가 더욱 크다 해서 대간의 탄핵이 여러 관료에 비해 도리어 무거우니 사리와 형세가 진실로 그러합니다. 비록 형과 나 사이라고 또한 어찌할 방법이 없습니다. 나머지는 조만간에 만나 뵙고 말씀드리겠습니다. 여기서 그만 줄입니다. 형께서 살펴 주시기 바랍니다. 삼가 답장 편지를 올립니다.

받은 즉시
제弟 시술時術 올림

해설

이시술李時術(1606~1671)이 친구에게 위로의 편지를 받고 자신의 심정을 토로하며 보낸 답장이다.

이시술의 자는 사강士强, 본관은 경주이다. 할아버지는 이항복李恒福이고, 아버지는 부사 이정남李井男이다. 1652년 정랑으로 문과에 급제하였다. 1659년 사은사謝恩使 서장관으로 청나라에 다녀왔다. 대간에 탄핵을 받았다. 그 뒤 부승지·대사간, 이조의 참의·승지를 거쳐 1668년 철원 부사 등을 역임하고 가선대부의 위계에 올랐다. 1669년 병조 참판에 제수되고 이어 이조 참판에 올랐다.

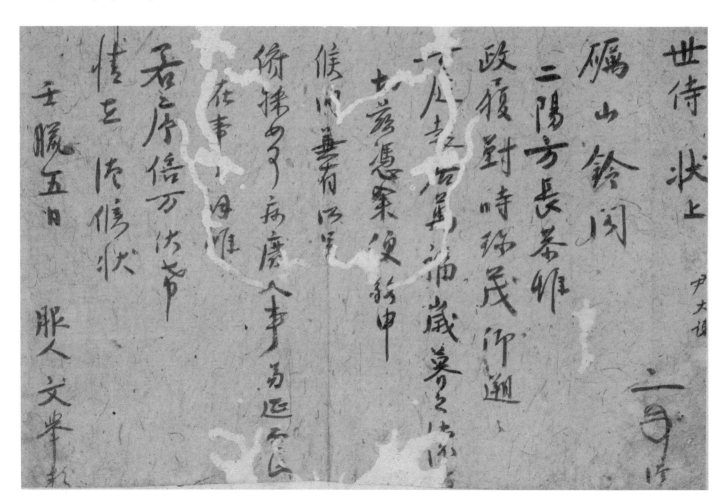

[피봉]

世侍狀上

礪山鈴閣

(수결) 謹封

二陽方長, 恭惟政履, 對時珍茂, 仰遡仰遡. 一庭起居萬福. 歲暮之懷方切, 玆憑來便, 敬申候問, 兼有所呈, 俯採如何. 病廢人事, 苟延至此在事. 謹惟若序倍萬. 伏希情在. 謹候狀.

壬臘五日, 服人文擧頓.

[피봉]

세시世侍 편지 올림

여산礪山의 영각鈴閣²³에

(수결) 삼가 봉함

　두 개의 양陽이 막 자라는 12월에 삼가 벼슬하시는 체후가 때에 따라 진중하고 무성하시리라 생각하니, 그립고 그립습니다. 온 집안의 기거에 만복을 하십니까. 한 해가 저무는 회포가 간절한데, 온 인편을 통해 삼가 문후의 말씀을 올리고 아울러 몇 가지 물건을 올리니 받아 주십시오. 저는 병으로 사람 사는 일을 폐하여 구차하게 이러한 일에까지 이르렀습니다. 삼가 계절에 따라 더욱 좋으시기 바랍니다. 정으로 받아 주십시오. 삼가 문후의 편지를 올립니다.

　임년壬年 12월 5일

　복인服人 문거文擧 올림

---

23 영각(鈴閣) : 장수나 지방 관리가 업무를 보고 있는 곳이다.

해설

　이는 윤문거尹文擧(1606~1672)가 익산(여산) 군수에게 보낸 문안 편지이다. 아래 윤원거의 편지에 근거하면 1662년 여산 군수 홍언洪瑌(1609~?)에게 보낸 편지로 추정된다.

　윤문거의 자는 여망汝望, 호는 석호石湖, 본관은 파평이다. 김집金集에게 배웠으며, 1633년에 문과에 급제 후 주서와 좌랑 등을 역임하였다. 병자호란 때 인조를 호종하여 남한산성에 들어갔다. 이후에 내려진 벼슬은 사양하고, 성리학 연구에 전념하였다. 참고로 '세시장상世侍狀上' 아래에 작은 글자로 쓴 '윤 대간尹大諫'은 후대에 가필한 것으로 추정되며, 윤 대간은 윤문거를 가리킨다.

世侍 謝狀上

礪山 衡下史   尹進善号龍西

日者謀聞   元善溪云

五馬遍魯東恨不及知卽承

彦書以

對慰諮悉此枯魚之

封之贈出於諄𢋣萬〻深感

厚義不知收謝徐希

字復吉菅不言伏惟

盛亮伏謝狀

甲辰五月十六日 世記元擧𢋣

[피봉]

世侍謝狀上

礪山衙下史

(수결)謹封

日者流聞, 五馬過魯東, 恨不及知, 卽承候書, 如對慰豁. 況此枯魚之惠, 扇封之贈, 出於尋常萬萬. 深感厚義, 不知攸謝. 餘希學履吉慶. 不宣. 伏惟盛亮. 謹謝狀上.

甲辰五月十七日, 世記元擧狀上.

[피봉]

세시世侍[24] 답장 올림

여산礪山[25] 관아

(수결) 삼가 봉함

근래에 전해 들으니 오마五馬[26]가 노동魯東[27]을 지나갔다고 해서 미처 몰라 한스러웠는데 곧바로 편지를 받고 얼굴을 대한 듯해 시원하게 위로가 되었습니다. 하물며 이렇게 건어물과 부채 묶음을 주신 것이 평소보다 만 배 더한 정에서 나옴에 있어서이

---

24 세시(世侍) : 대대로 혼인한 집안의 사람에게 자신을 낮추는 말이다.

25 여산(礪山) : 현재 전라북도 익산군 여산면 여산리 일대이다.

26 오마(五馬) : 지방관의 행차를 말한다. 한나라 태수가 말 다섯 필이 끄는 수레를 탄 데서 비롯한다.

27 노동(魯東) : 노산(魯山) 동편을 말하는데 지금의 논산시 상월면 학당리로 윤원거의 거주지가 있던 곳이다.

겠습니까. 후의가 매우 감사하나 어떻게 답할 바를 모르겠습니다. 나머지는 학업에 경사가 있기를 바라며 서식을 펴지 않습니다. 살펴 주십시오. 삼가 답장을 올립니다.

갑진년(1664) 5월 17일
세기世記 원거元擧 올림

해설

윤원거尹元擧(1601~1672)가 여산 군수礪山郡守에게 보낸 편지이다. 선물에 대한 감사의 마음을 전하였다.

윤원거의 자는 백분伯奮, 호는 용서龍西, 본관은 파평이다. 김장생金長生에게 배웠다. 1658년부터 학문과 덕행으로 추천되어 성균관 사업·사헌부 지평 등에 임명되었으나 모두 사퇴했다. 1660년에 복제예송服制禮訟에서 남인 권시權諰를 옹호하는 발언을 했다가 송시열宋時烈 일파의 비난을 받았다. 여러 차례 청요직에 임명되었으나 끝내 사양하고 나아가지 않았다. 저서로『용서집』이 있다.

본문 아래에 있는 "윤진선호용서尹進善號龍西" 작은 글씨 6자는 후인이 추가로 기록한 내용이다.

情侍 閒狀上

礪山 牙軒座前

朴判書

省候封

即承

尊札 備領 八枘節扁~

惠感荷

尊札無居海何推

情春無居海何推

馬伏復萬重允慰 生事

允湯撥 一向去減而身事

狼狽方此縮伏私不可

條纂

尊經候增吉決推

尊眄 伏汾此上

壬辰七月初三 昔歡 長遠

情侍謝狀上

礪山牙軒座前

(수결)謹封

別來歲已周矣. 瞻泝政深, 卽承尊札, 兼領八柄節扇之惠, 感荷. 情眷無以爲謝. 仍惟尊政履萬重, 尤慰慰. 生奉老湯撓, 一向無減, 而身事狼狽, 方

此縮伏, 私悶奈何. 餘冀尊涖候增吉. 伏惟尊照. 謹謝狀上.

壬寅七月初三日, 朞服人長遠頓.

[피봉]

정든 분께 올리는 답장

여산礪山 군수께

(수결) 삼가 봉함

이별한 후 벌써 한 해가 되었습니다. 그리움이 몹시 깊었는데 편지와 아울러 부채 여덟 자루를 받았으니 감사합니다. 정으로 돌아봐 주시는데 사례할 길이 없습니다. 오직 정무가 평안하시다니 더욱 위로가 됩니다.

저는 늙은 부모를 모시며 분주한데 한결같이 차도가 없고 저 자신의 일도 낭패를 당해 이렇게 웅크러 있는데 답답한들 어찌 하겠습니까. 나머지는 정무에 더욱 복이 많으시길 바랍니다. 살펴 주십시오. 삼가 답장을 올립니다.

임인년(1662) 7월 3일

기복인朞服人 장원長遠 올림

해설

　박장원朴長遠(1612~1671)이 1662년 7월 3일에 여산 군수에게 받은 선물에 대한 감사의 마음을 전하고 자신의 근황을 알리기 위해 보낸 편지이다.

　박장원의 자는 중구仲久이고, 호는 구당久堂 또는 습천隰川이며 본관은 고령이다. 1636년에 문과에 급제하였다. 1640년에 춘추관 기사관이 되어『선조수정실록』편찬에 참여하였다. 1664년에 이조 판서가 되고 그 뒤 공조 판서 · 대사헌 · 예조 판서 · 한성부 판윤 등을 역임하였고 개성부 유수로 있다가 재직 중에 죽었다. 시호는 문효文孝이다. 저서로『구당집』이 있다.

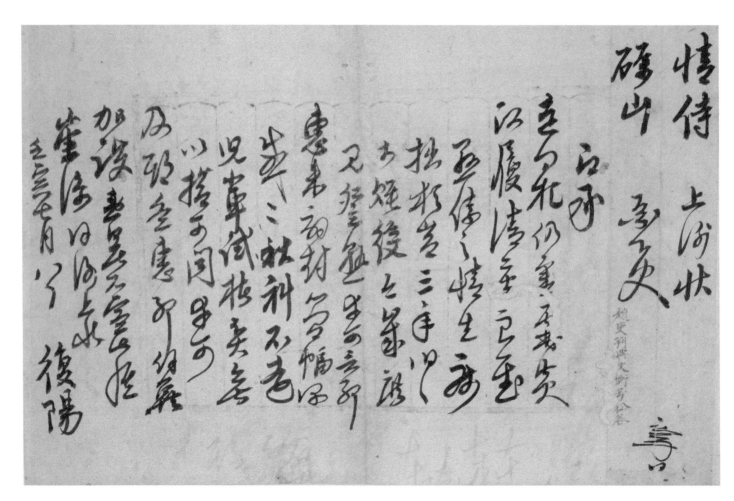

[피봉]

情侍上謝狀

礪山衙下史 (수결)

卽承遠問札, 仍審居井炎, 政履淸康, 良慰懸傃之情. 生病拙猶昔, 三年汩汩於賦役, 今歲庶見登熟, 幸可言耶. 惠來副封簡幅, 深感深感. 秋科不遠,
兒輩試楮, 貧無以措, 可悶. 幸可及期急惠耶. 餘冀加護. 患暑不宣. 伏惟崇諒. 謹謝上狀.

壬寅七月八日, 復陽.

[피봉]

정시情侍[28]에게 올리는 답장

여산礪山 관아의 하사下史[29]에게

    멀리서 보내온 문안의 편지를 받고서 찌는 듯한 더위에 정사를 돌보시는 체후가 좋으심을 알고, 그리워하는 저의 정이 참으로 위로가 됩니다. 저는 병든 몸으로 예전처럼 지내고 있으며, 3년 동안이나 부역賦役을 돌보는 일에 빠져 있었습니다. 금년에는 풍년이 들 기미가 보이니 다행스러움을 말로 다 할 수 있겠습니까.

    보내오신 부본副本의 편지는 참으로 감사하고 감사합니다. 가을에 치르는 과거가 멀지 않은데, 제 아이들의 시지試紙[30]는 가

---

28 정시(情侍) : 정이 들어 모실 수 있는 사람을 가리킨다. 오늘날로 말하면 매우 친한 친구이다.

29 하사(下史) : 어떤 조직이나 사람의 밑에서 기록을 담당하는 사람이다. 보통 옛날 간찰에서는 직접 수신인의 이름을 쓰지 않고 그 아래에서 기록을 맡아 관리하는 사람의 이름을 쓴다.

30 시지(試紙) : 과거를 치를 때 사용하는 종이인데, 규격에 맞게 과거 치르는 사람이 준비를 해야 한다.

난으로 마련할 방도가 없으니 참으로 걱정스럽습니다. 시기에 맞게 급히 보내 주시면 다행이겠습니다. 나머지는 몸을 더욱 잘 보호하시기 바랍니다. 더위로 병을 앓아 더 적지를 못합니다. 삼가 양해해 주시기 바랍니다. 답장의 편지를 올립니다.

임인년(1662) 7월 8일
복양이

해설

조복양趙復陽(1609~1671)이 1662년 여산 군수에게 보낸 편지이다. 1662년 당시 여산 군수는 이옥현李玉鉉인데, 그에 관한 자세한 행력은 알려지지 않다. 이 편지는 여산 군수에게 아들의 과거에 쓸 종이를 마련해 달라고 부탁하는 편지이다.

조복양의 자는 중초仲初, 호는 송곡松谷, 본관은 풍양이다. 아버지는 좌의정을 지냈으며 아울러 대동법을 주창한 조익趙翼인데, 이 때문에 그 역시 대동법에 대한 상소를 올려 대동법의 시행에 큰 기틀을 마련하였다. 그는 1660년 진휼 재생 구관 당상賑恤裁省句管堂上에 임명되었는데, 백성 구휼에 대한 책임을 지고 있었던 것 같다. 이를 이 편지에서는 '부역'으로 표현한 것 같다. 1662년에 그는 부제학으로 있었고, 8월에 예조 참판, 12월에 대사헌에 올랐다.

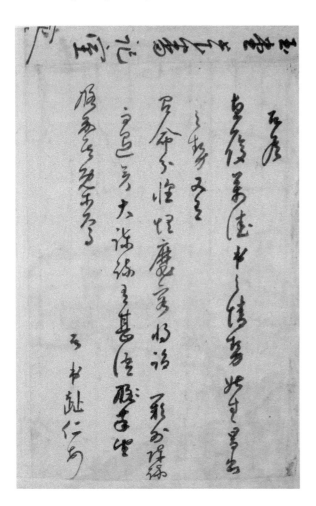

[피봉]

玉堂上下番記室 (수결)

　台候直履萬佳. 弟之情勢, 姑無昂出之勢, 又有官命, 則懷懼靡容, 將詣闕外, 陳疏
而退矣. 大諫疏有甚語, 奉望格示其槩焉.
　卽, 弟趾仁頓.

[피봉]

옥당(홍문관) 상하번上下番의 기실記室에 (수결)

  당직을 서는 대감의 체후가 갖가지로 좋으십니까? 저는 형세상 잠시 우러러 나아갈 형편이 되지 못하는데, 또한 관직의 명을 받았으니 두려움을 품은 보잘것없는 객客이 궐 밖에 나아가 소를 올리고 물러나려 합니다. 대간大諫의 소에 무슨 말이 있는지 삼가 그 대강을 알려 주시기 바랍니다.

  편지를 받은 날 즉시
  제弟 지인趾仁 올림

해설

  이 편지는 윤지인尹趾仁(1656~1718)이 홍문관의 아는 사람에게 보낸 것인데, 벼슬에서 물러나겠다는 뜻을 밝혔고, 또 대간들이 자신을 어떻게 언급하였는지를 물어보는 내용이다.

  윤지인은 자가 유린幼麟, 호는 양강楊江, 본관은 파평이다. 그의 형인 윤지선尹趾善과 윤지완尹趾完은 모두 정승 자리에 올랐고, 그 역시 병조 판서까지 올랐다. 1694년에 문과에 합격하였고, 청백리에 녹선되었다.

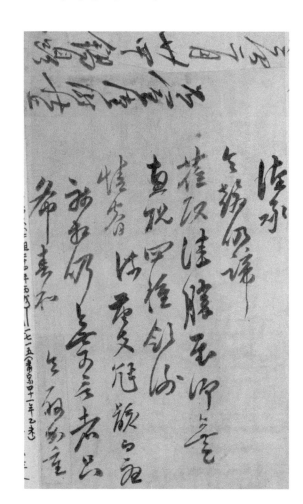

謹承令翰, 仍諦莅政佳勝, 慰仰無已. 惠貺四種, 領謝情眷. 僕, 堇支尪瘵, 而憂病相仍, 無可言者. 只希春和, 令履加重. 不宣. 謹謝狀上.

庚二月卄四日, 錫鼎 口.

삼가 편지를 받고 정무를 보는 안부가 평안함을 자세히 알았으니 우러러 위로되기 그지없습니다. 주신 네 가지 선물은 잘 받았으며 돌아봐 주시는 정에 감사드립니다. 저는 굽은 몸을 겨우 지탱하고 지내는데 상사와 병이 잇달아 말할 것이 없습니다. 다만 훈훈해지는 봄에 더욱 건강하시기를 바랍니다. 서식을 펴지 않습니다. 삼가 답장을 올립니다.

경년 2월 24일
석정錫鼎 −원문 빠짐−

해설

경년 2월 24일에 최석정崔錫鼎(1646~1715)이 상대방이 준 선물에 감사한 마음을 전하기 위해 보낸 편지이다.

최석정의 자는 여시汝時·여화汝和, 호는 존와存窩·명곡明谷, 본관은 전주이다. 할아버지는 최명길崔鳴吉이다. 1671년에 문과에 급제하여, 1686년에 조선인이 청나라의 국경을 넘어 들어간 사건을 해결하기 위하여 당시 호조 참판으로 청나라에 갔다. 경명행수經明行修의 선비들을 힘써 선발하려고 노력하였고 서얼 출신을 삼조三曹에 소통하자는 건의를 올렸다. 붕당의 폐단을 논하면서 남인들의 일부 서용을 주장하는 입장을 개진하였고 단종 복위를 성사시켰다. 1701년에 영의정이 되었다. 장희빈에 의한 무고의 변이 일어나자 왕세자 보호를 위해 힘썼다. 1710년까지 모두 열 차례 입상入相하였다. 시호는 문정文貞이다. 저서로는 『전록통고典錄通考』, 『예기유편』, 『명곡집』이 있다.

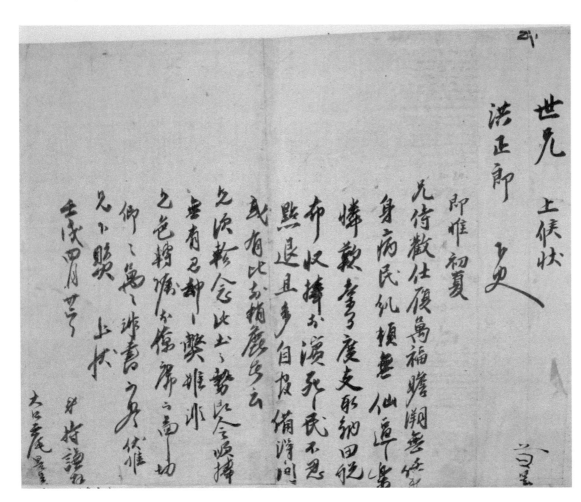

[피봉]

世兄上候狀

洪正郞下史

(수결)謹封

卽惟初夏, 兄侍歡仕履萬福, 瞻溯無任. 弟身病飢民, 頓無仙逼之樂, 憐歎奈何. 度支所納田稅布, 收捧於濱死之民, 不忍點退且多. 自官備得聞, 或有比前稍麤者云, 兄須軫念此土之勢, 卽令順捧, 無有見却之獘. 雖非兄色, 轉囑於僚席而圖之, 切仰切仰萬萬. 非書可盡, 伏惟兄下照. 上狀.

壬戌四月十二日, 弟持謙拜.

大口二尾略呈.

[피봉]

대대로 연분이 있는 형님께 올리는 안부 편지

홍 정랑洪正郞께

(수결) 삼가 봉함

초여름, 부모님을 모시면서 정무를 보시는 생활에 복이 많다고 하시니, 우러러 그리운 마음 감당할 수 없습니다. 저는 병들고 굶주린 백성으로 전혀 신선과 같은 즐거움이 없으니 한탄한들 어찌하겠습니까.

탁지부에 납부할 전세포[31]는 거의 죽어가는 백성에게 거두려니 차마 퇴자를 놓을 수 없는 경우 또한 많았습니다. 관아의 차비次備로부터 들으니 전에 비해 품질이 조금 거친 것이 있다고 하는데, 형은 반드시 이곳 백성의 사정을 염두 하시어 순조롭게

---

31 전세포(田稅布): 논밭의 조세로 바치던 베를 말한다.

받아들이실 것이며 물리쳐지는 낭패가 없도록 해 주십시오. 비록 형의 담당이 아니라면 동료에게 전달해서 부탁하여 도모해 주시기를 절실히 바라고 바랍니다. 편지에 다 말할 수 없습니다. 형께서는 살펴 주십시오. 편지를 올립니다.

임술년(1682) 4월 22일
제 지겸持謙 올림

대구 2마리를 올립니다.

해설

조지겸趙持謙(1639~1685)이 1682년 대대로 연분이 있는 홍씨 성을 가진 탁지부 정랑正郎에게 보낸 편지이다.

조지겸의 자는 광보光甫이고, 호는 우재迂齋・구포鳩浦이며, 본관은 풍양이다. 1670년 문과에 급제하여 이조 좌랑・형조 참의 등을 역임했으며, 1682년에 사가독서를 했고 1685년에 경상도 관찰사를 지냈다. 윤선거와 친분이 두터웠으며 윤증과 함께 소론의 거두가 되었다. 저서로는 『오재집』이 있으며, 편서로는 『송곡연보松谷年譜』가 있다.

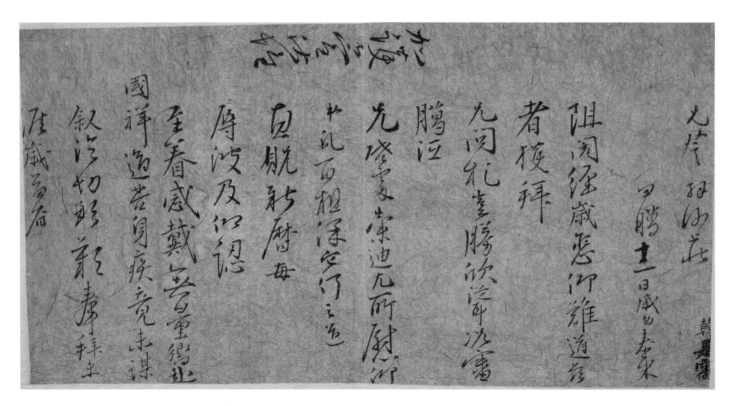

阻閡經歲, 戀仰難道. 玆者獲拜兄問札, 豈勝欣聳. 況審膰汨, 兄啓處崇迪, 尤所慰仰. 弟凡百相保, 它何之道. 惠貺新曆, 每辱波及, 仰認至春, 感戴無量. 嚮赴國祥, 適苦身疾, 竟未謀敍, 徒切歎歎. 奉拜未涯, 歲暮加護. 不宣. 伏惟兄察. 拜謝上狀.

甲膰十二日, 戚弟泰東.

연락이 막힌 채 한 해가 다 지나가니 우러러 사모하는 마음 말할 수 없습니다. 이때에 형의 편지를 받았으니 그 기쁨을 어찌 이기겠습니까. 하물며 섣달 추위에 형이 평안히 지내시는 줄 알았으니 더욱 위로가 됩니다. 저는 모든 일을 잘 보전하고 있으니 다른 무슨 말을 하겠습니까. 새해 달력을 매번 저에게까지 주셔서 지극한 돌보심을 알겠으니 감개무량합니다.

지난번의 국상國祥[32] 때는 마침 병을 앓고 있어 끝내 나아가 뵙지 못했으니 다만 절실히 한탄스럽습니다. 뵐 기약이 없는데 세모歲暮에 더욱 보중하시기를 바랍니다. 펴지 않습니다. 삼가 형은 살펴 주십시오. 절하고 답장을 올립니다.

갑甲년 12월 12일

척제戚弟 태동泰東이

해설

한태동韓泰東(1646~1687)이 달력을 보낸 상대방에게 감사의 마음을 전한 편지이다. 갑년은 1684년으로 추정되는데 한태동은 이때 물러나 향촌에 있었다.

한태동의 자는 노첨魯瞻, 호는 시와是窩, 본관은 청주이다. 1669년에 문과에 급제하였다. 서인 김익훈金益勳·김석주金錫胄 등이 남인역모설을 조작하자, 같은 서인으로서 그 흉계를 폭로하였다가 파직되었다. 1685년에 부수찬·헌납·부교리를 지내고, 1687년에 사간이 되었다. 저서로는 『시와유고』가 있다.

---

32 국상(國祥) : 1680년 10월에 죽은 숙종의 비 인경왕후(仁敬王后)의 대상(大祥)을 말한 것으로 추측된다.

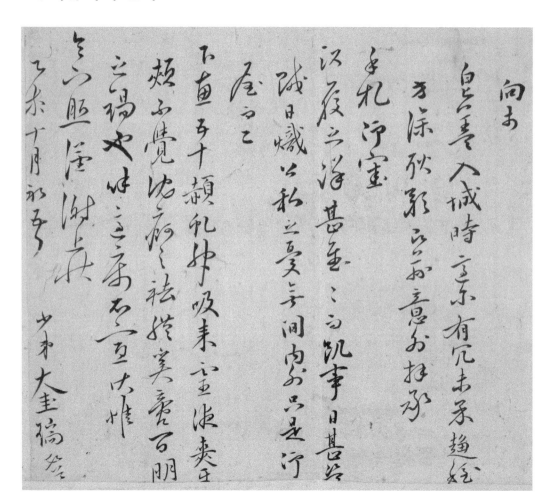

向於皂盖入城時, 適爾有冗, 未果趨穩, 方深耿歎. 卽玆意外拜承手札, 仰審政履之詳, 甚慰甚慰. 而飢事日甚, 盜賊日熾, 公私之憂, 無間內外, 只是仰屋而已. 下惠五十顆虬卵, 吸來靈液爽牙頰, 不覺沈痾之祛體, 奚啻百朋之錫也. 餘適床不宣. 伏惟令下照. 謹謝上狀.

乙亥十月初五日, 小弟奎瑞頓首.

지난번 당신의 행차가 성에 들어올 때, 마침 바쁜 일이 있어 따르면서 편안히 이야기를 나누지 못했으니 깊이 그리워하면서 한탄합니다. 그런데 지금 뜻밖의 편지를 받고서 벼슬하시는 정황을 상세히 알게 되어 참으로 위로됩니다. 그러나 굶주림은 나날이 심해지고 도적들도 날로 일어나서 공사 간의 근심이 안팎으로 틈이 없으니, 다만 지붕만 바라볼 따름입니다.

　보내 주신 50개의 홍시[33]는 잘 받았는데, 영액靈液을 빨아 마시니 입안을 상쾌하게 하고 나도 모르는 새 묵은 병이 사라지니, 어찌 백붕百朋[34]을 하사하신 것만이 아니겠습니까! 마침 병상에 있는 터라 더 적지 못합니다. 영감께서 살펴 주십시오. 삼가 답장을 올립니다.

　을해년(1695) 10월 5일에
　소제小弟 규서奎瑞가 머리 숙여 올립니다.

해설

　지인의 편지와 선물(홍시)을 받고서 쓴 최규서崔奎瑞(1650~1735)의 답장이다. 최규서의 자는 문숙文叔, 호는 간재艮齋, 본관은 해주이다. 1680년 문과에 급제하여 언관言官이 되었고, 이후 서인이 노소로 갈라졌을 때 소론의 계열에 섰다. 관료로서 뛰어난 재능을 발휘하고, 지방관에 있을 때는 선정을 베풀었으며, 1723년에는 영의정에까지 올랐다. 영조의 등극 이후인 1728년 무신란의 정보를 듣고 조정에 가장 먼저 알렸다. 영조의 묘정에 배향되었으며, 시호는 충정忠貞이다.

---

33 홍시 : 원문에서는 '정규란(赬虯卵)', 즉 붉은 규룡의 알이라 하였는데, 한유의 시에 정규란으로 감을 표현하였다.
34 백붕(百朋) : 고대의 화폐 단위인데, 여기서는 진귀한 보물을 의미하고, 전체 문맥에서는 그것이 진귀한 보물 이상의 값어치를 가졌다는 것이다.

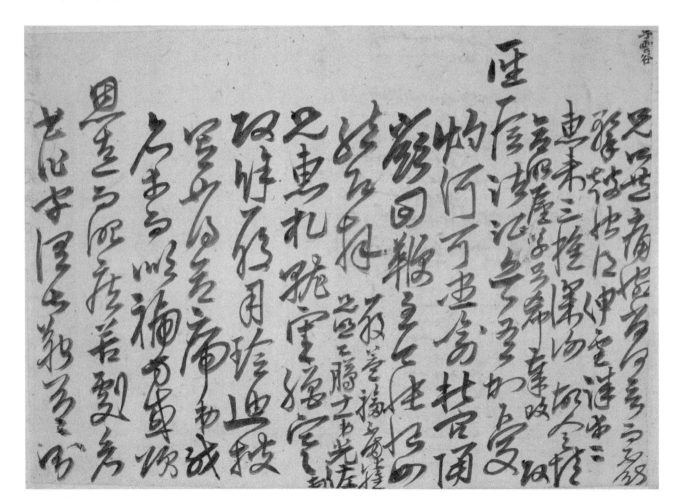

兄所遭, 痛憐尙何言, 而不待擊皷, 快得伸雪, 誠幸誠幸. 惠來三種, 深謝故人之情. 聖后諸証, 近日有加憂, 灼何可盡喩. 此間, 隔嶺回鞭, 至今悵恨如然. 卽拜兄惠札, 就審臘寒, 政餘履用珍迪, 披寫如得合席. 弟, 職名幸而順褫, 方感頌恩德, 而眼疾苦劇, 看書作字, 俱甚艱, 如何如何. 則合眼厪草, 只希奉改政履益福. 不備. 伏惟兄照.

乙臘十一, 弟光佐頓.

형이 당한 것이 애통하고 가련함은 무엇 말할 것이 있겠습니까마는 격고擊皷[35]함이 없이 통쾌하게 설원雪冤했으니 참으로 다행입니다. 주신 세 가지는 옛 벗의 정에 매우 감사드립니다. 성후聖后[36]의 여러 증세가 근래에 더해졌으니 애타는 마음 어찌 다 말하겠습니까. 이러한 때에 고개에 막혀 말을 돌린 것이 지금까지 아쉽습니다. 형의 편지를 받고 섣달 추위에 정무를 보시는 안부가 평안함을 알았고 마음을 드러내신 말씀은 자리에 함께한 것 같았습니다.

저는 직책이 다행히 순조롭게 체직되어 지금 은덕을 감사하며 칭송하고 있는데 눈병이 심하여 책을 보고 글자를 적는 것이 모두 매우 어려우니 어찌하겠습니까. 눈을 감고 겨우 쓰니 다만 개혁하셔서 정무에 더욱 복이 있기를 바랍니다. 서식을 갖추지 않습니다. 삼가 형은 살펴주십시오.

을년 12월 11일

제弟 광좌光佐 올림

---

35 격고(擊皷) : 임금의 거둥 때 북을 쳐서 원통한 일을 호소하는 것을 말한다.

36 성후(聖后) : 숙종의 계비인 인원왕후 김씨(1687~1757)를 말한 것으로 추측된다.

해설

이광좌李光佐(1674~1740)의 편지로 보내준 선물에 감사한 마음을 전하였다.

이광좌의 자는 상보尙輔, 호는 운곡雲谷, 본관은 경주이다. 이항복李恒福의 현손이다. 1694년에 문과에 급제하였다. 1725년에 영의정이 되었고 1728년 이인좌의 난이 일어났을 때 분무원종공신奮武原從功臣 1등에 봉해졌다. 1730년에 소론의 거두로서 영조에게 탕평책을 건의했고 노론과 연립정권을 유지했다.

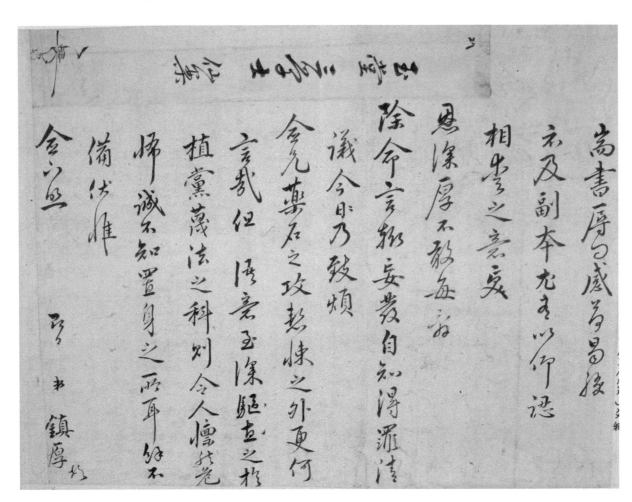

[피봉]

省式

玉堂三學士仙案

(수결) 謹封

尚書辱問, 感荷曷勝. 示及副本, 尤有以仰認相愛之意. 受恩深厚, 不敢每辭除命, 言輒妄發, 自知得罪淸議. 今乃致煩, 僉兄藥石之攻, 慙悚之外, 更何言哉. 但語意至深, 直驅之於植黨蔑法之科, 則令人懍然危怖, 誠不知置身之所耳. 餘不備. 伏惟僉下照.

卽日, 弟鎭厚頓.

[피봉]

예식은 생략함

옥당玉堂의 삼학사三學士께

(수결) 삼가 봉함

특별히 편지로 안부를 물어 주시니 감격스런 마음 어찌 다하겠습니까. 보여 주신 부본副本은 아껴 주시는 뜻을 더욱 우러러 알겠습니다. 임금으로부터 받은 은혜가 깊고 두터워 감히 매번 제수除授의 명을 사양할 수 없어 문득 말할 때마다 망발을 했는데 청의淸議에 죄를 얻었음을 스스로 알겠습니다.

지금 편지로 번거롭게 드릴 말은, 여러 형께서 약이 되는 말로 지적하신 데 대해 부끄럽고 죄송스러운 외에 다시 무슨 말을 하겠습니까. 다만 말의 뜻이 지극히 깊어 당을 내세우고 법을 업신여기는 죄과로 곧바로 몰아가 공포에 떨게 되었으니, 참으로 어찌할 바를 모르게 된 것입니다. 나머지는 편지의 서식을 갖추지 못합니다. 삼가 여러분은 살펴 주십시오.

편지를 받은 날
제弟 진후鎭厚 올림

해설

　민진후閔鎭厚(1659~1720)가 홍문관의 세 학사에게 보낸 답장이다. 임금의 벼슬 제수에 응하며 발설한 자신의 말을 공격하는 홍문관의 학사들의 태도에 대해 자신의 당혹스런 마음을 전하였다.

　민진후의 자는 정순靜純, 호는 지재趾齋, 본관은 여흥驪興이다. 1686년에 문과에 급제해 승문원 정자가 되었다. 그러나 곧이어 기사환국이 일어나 아버지를 비롯한 일가친척들과 함께 관작을 삭탈당하고 귀양살이를 하였다. 1694년에 갑술옥사로 인현왕후가 복위되자 다시 기용되었고, 사간원 정언·홍문관 부교리·부응교·사헌부 집의 등을 거쳐 1697년에 충청도 관찰사가 되었다. 1717년에 동지사冬至使로 청나라를 다녀온 뒤, 의금부 판사·돈녕부 판사·홍문관 제학·예조 판서 겸 수어사·한성부 판윤·공조 판서 등을 역임하였다. 시호는 충문忠文이다. 저서로는 『지재집』이 있다.

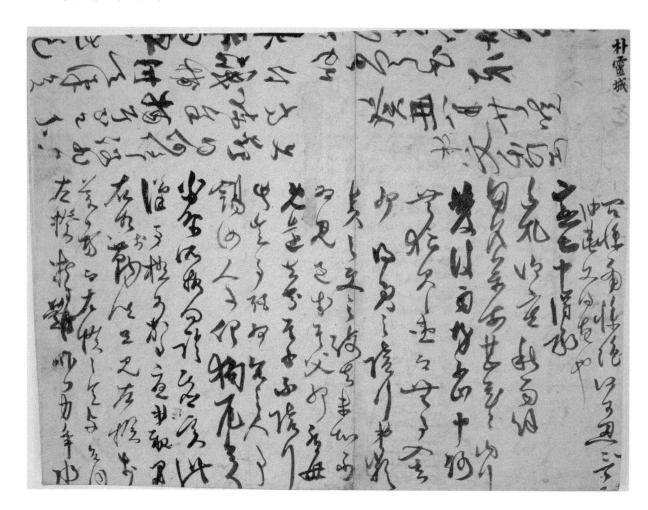

戀甚中, 得承手札, 仰審秋雨餘, 勻候萬安, 甚慰甚慰. 內行發後, 雨勢不止, 中路無狼貝之患, 而無事入去耶? 得君之陪行, 弟嚴責之, 使之護去, 未知不爲見過於其父耶. 后母旣還去, 則其子不陪行, 此豈事理耶. 兄之人事錫汝人事, 俱拘尼矣. 別紙所報, 勿論虛實, 此漢事極可驚憂. 弟親見右相 於鞫坐, 且見左揆於黃家. 而左揆之意, 與台同. 左揆持難, 昨日力奉水使, 艱得仍任之諾. 非久[37]當陳奉捕廳, 則已分付譏捕洪天漢矣. ㅡ10여 자 빠짐 ㅡ 餘不具. 書示.

癸丑八月卄日曉, 弟文秀頓.

ㅡ글자 빠짐, 몇 글자 빠졌는지 모름ㅡ
間, 慘痛慘絶, 何可忍言. 油芚又得惠也.

　　매우 그리워하던 가운데 보내신 편지를 받고 가을비가 내리는 와중에서도 대감의 체후가 편안하시다는 것을 알게 되니, 제 마음이 참으로 위로됩니다. 내행內行[38]이 출발하신 후에도 비가 그치지 않았으니, 행차 도중에 아무런 낭패 없이 무사히 들어가셨습니까? 득군得君[39]이 배행한 것은 제가 엄히 재촉하여 보호하여 가도록 한 것인데, 그 아비에게 질책이나 받지 않았는지 모르겠습니다. 후모後母[40]가 이미 되돌아감에 그 아들이 모시지 않는다면, 이 어찌 사리에 합당하겠습니까. 형의 인사人事[41]와 석여錫汝[42]의 인사는 모두 구애됨이 있습니다.

---

37 久 : 한 글자가 빠졌으나 '久'로 추정하여 넣었다.
38 내행(內行) : 부인 또는 아녀자의 행차를 말한다. 여기서는 수신자의 부인이라 추정된다.
39 득군(得君) : 이름에 '득(得)' 자가 들어가는 사람을 지칭하는 듯하다.
40 후모(後母) : 의붓어머니 또는 계모를 뜻한다.
41 인사(人事) : 이는 조정의 인사가 아니라 사람 사는 일을 지칭하는 것으로 보인다.
42 석여(錫汝) : 자로 추정되는데 누구인지 정확하지 않다. 같은 시기 박문수와 인맥이 있는 소론의 인사로는 조귀명(趙龜命. 1693~1737)이 있는데, 그의 자가 '석여'였다.

별지에서 말씀하신 것은 그 허실의 실제는 따질 것도 없이, 이놈이 저지른 일은 참으로 놀랍고 우려스럽습니다. 저는 우의정을 국문하는 자리에서 뵈었고, 또 좌의정을 황씨의 집에서 만났습니다. 그런데 좌의정의 뜻은 대감과 같았습니다. 좌의정이 우물쭈물 일을 미루어 어제 수군절도사에게 극력으로 간언하여 어렵사리 계속 직무에 임명하겠다는 허락을 받았습니다. 오래지 않아 포도청에서 아뢸 것이지만 이미 홍천한洪天漢[43]을 찾아 체포하라고 분부하였습니다. −10여 자 빠짐− 나머지는 갖추지 못합니다. 편지를 써서 보입니다.

계축년(1733) 8월 20일
문수 올림

−글자가 빠졌으나 몇 글자가 빠졌는지 모름− 사이에 참통하고도 매우 비참하니, 어찌 말로 표현하겠습니까. 보내 주신 유둔油芚[44]은 또한 잘 받았습니다.

43 홍천한(洪天漢) : 『영조실록』 9년(1733) 8월 25일 기사에 "회덕(懷德)에 살던 무신년의 잔당(殘黨) 홍천한(洪天漢)을 삭주(朔州)에 정배(定配)하였는데 도망하여 남원(南原)에 왔기 때문에 전(前) 감사 이성룡(李聖龍)이 듣고 영옥(營獄)에 잡아다 가둔 것을 조현명이 도로 배소(配所)에 보냈다."는 기록이 있다.

44 유둔(油芚) : 기름을 먹인 두꺼운 종이이다.

해설

암행어사로 널리 알려진 박문수朴文秀(1691~1756)가 당시 조정의 고위 관료에게 보낸 답장 편지이다. 수신자는 알 수 없다. 하지만 편지의 말투나 마지막에 '서시書示' 등의 단어로 추정하자면 박문수보다 손아랫사람으로 추정된다. 편지의 내용은 수신자의 안부와 부인의 행차, 인간사에 대해 얽매인다는 평, 또한 조정 인사 사항에 대한 부탁, 죄인의 체포 등이다. 어떠한 한 가지 일이 아니라 여러 가지 일을 짧게 나열하였다.

이 편지는 편집자가 장첩을 할 때 크기에 맞추느라 편지의 일부를 잘라냈다. 특히 추신 부분은 글자가 어느 정도 잘려 나갔는지 알 수도 없다. 그리고 '박문수'라는 이름 부분도 다른 곳에 있는 것을 잘라 현재의 위치로 이동시켰다. 그리고 한 글자 결락된 부분이 있는데, 이는 '구久'로 추정하여 넣었지만, 다른 곳은 빠진 글자가 많고 아예 보이지 않아 추정이 불가능하다.

박문수의 자는 성보成甫, 호는 기은耆隱, 본관은 고령이다. 1723년 문과에 급제하였고, 1727년 영남에 암행어사로 나갔다. 이인좌의 난 때 전공을 세워 영성군靈城君에 봉해졌고, 1750년 이후 예조 판사와 우참찬에까지 올랐다. 당색은 비록 소론이었으나, 정조의 탕평책을 지지하고 정치 개혁을 주도하였다.

44. 이광덕의 편지

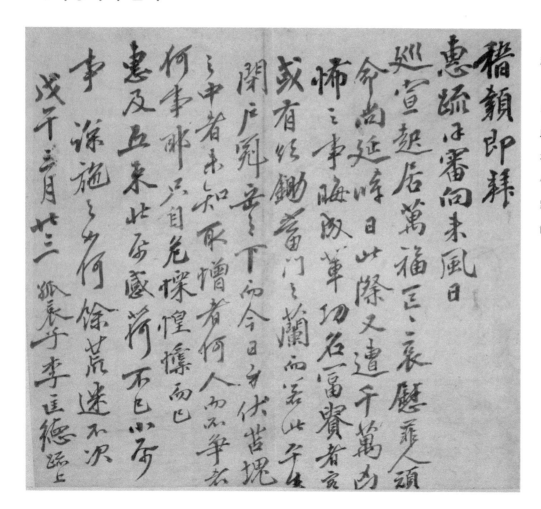

稽顙卽拜惠疏. 謹審向來風日, 巡宣
起居萬福, 區區哀慰. 罪人頑命尙延時
日. 此際又遭千萬凶怖之事, 晦成輩功
名富貴者, 容或有欲鋤當門之蘭, 而若
此午生閉戶冠岳之下, 而今日身伏苦
塊之中者, 未知取憎者何人, 而所爭者
何事耶. 只自危慄惶懍而已. 惠及五束
壯紙, 感荷不已. 小忝事諒施之, 如何.
餘荒迷不次.

戊午三月廿三, 孤哀子匡德疏上.

머리를 조아리고서 보내신 편지를 받았습니다. 삼가 근자의 날씨에 관찰사의 기거가 좋으시다는 것을 알고 위로됨을 말로 할 수 없습니다. 죄인罪人[45]은 여전히 완고한 목숨을 이으며 날을 보내고 있습니다. 이때 저는 또 매우 흉포한 일을 당하였으니, 회성晦成 무리[46]의 공명과 부귀한 자로 문 앞에 심겨진 난초를 호미질하듯 할 수는 있겠지만, 저와 같이 관악산 아래에서 문을 닫고 지금 몸을 웅크리고 여막을 지키고 있는 사람에게까지 누구에게 미움을 받고 무엇 때문에 다투어야 하는지를 모르겠습니다. 다만 스스로 두려움에 떨고 황공해할 따름입니다. 보내 주신 다섯 묶음의 장지壯紙[47]는 감사하기가 그지없습니다. 부탁드린 일은 시행해 주시는 것이 어떠합니까. 나머지는 상중에 황망하여 적지 못합니다.

　　무오년(1738) 3월 23일
　　고애자孤哀子 광덕匡德이 소疏를 올립니다.

해설

　　이 편지는 이광덕李匡德(1690~1748)이 지인에게 쓴 편지인데, 그가 49세 때 쓴 편지이다. 이광덕은 1737년 1월에 부친상을 당하였고, 그보다 이른 1719년에 모친상을 당하였다. 이에 스스로를 '고애자'라 표현한 것이다. 이 편지는 부친의 여막을 지키면서까지 당한 정치적 정회를 서술하였다.

　　이광덕은 자가 성뢰聖賴, 호는 관양冠陽, 본관은 전주이다. 1722년 문과에 급제하였으며, 소론의 정치인이었다. 그는 많은 관직을 거쳤으며, 이인좌의 난 등 여러 사건을 치뤘고, 귀양을 가기도 하였다. 저서로는 『관양집』이 있다.

---

45 죄인(罪人) : 여기에서는 부모의 상을 당했을 경우 자신을 지칭하는 말이다.
46 회성(晦成)의 무리 : 사람을 지칭하는 듯한데, 누구인지 명확하지 않다.
47 장지(壯紙) : 두껍고 질기며 질이 좋은 종이이다.

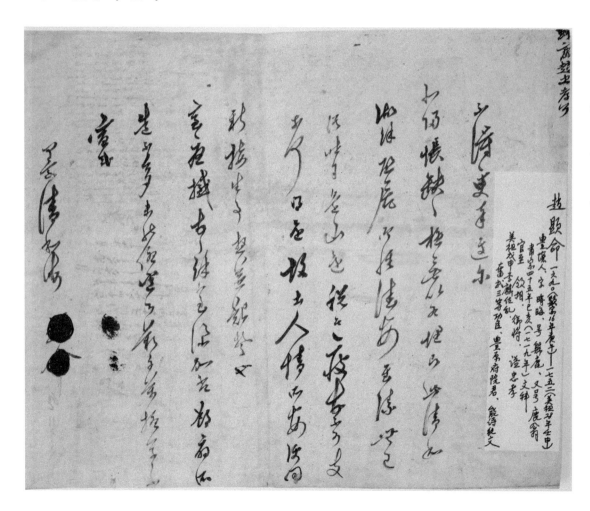

不得更奉, 遽爾北歸, 悵
缺之極, 無以爲懷. 卽此淸
和, 做餘啓居, 仰惟佳安, 慰
漆無已. 從昨自還山還稅,
而疲甚不可支, 奈何. 得還
故土, 人情所安便同, 新接
生事, 想益艱楚也. 室憂撼
頓之餘, 室添加否? 節扇所
造不多, 未能優運, 可歎千
萬. 擾草不宣式.

甲寅淸和晦.

다시 뵙지 못하고 갑자기 북으로 돌아왔으니 극도의 아쉬움을 어찌할 길이 없습니다. 청화절(음력 4월)에 공부하는 생활이 평안하다고 하니 위로되기 그지없습니다. 저는 어제 환산還山에서 돌아온 이후 피로가 몹시 심하여 몸을 지탱할 수 없으니 어찌하겠습니까. 고향으로 돌아옴에 마음이 편안 것은 누구나 그렇지만 새로 사람을 상대하며 일이 생기는 것은 생각할수록 더욱 괴롭습니다.

부인의 병은 상한 나머지에 더해지지는 않았습니까? 부채는 만든 것이 많지 않아 넉넉하게 보내드릴 수 없으니 천만 한탄스럽습니다. 어수선한 가운데 쓰며 서식을 갖추지 못합니다.

갑인년(1734) 4월 그믐에

해설

1734년 4월 그믐에 조현명趙顯命(1690~1752)이 보낸 편지이다. 자신의 형편을 전하고 부채를 넉넉하게 보내지 못한 사정을 말하였다. 1733년에 전라도 감사로 부임해 있었으므로 내용 중의 '북으로 돌아왔다'는 것은 전라도에서 서울로 돌아온 일을 말하는 듯하다. 서간의 날짜 아래 이름이 적혀 있으나 먹으로 칠해져 있다.

조현명의 자는 치회稚晦, 호는 귀록歸鹿이며 본관은 풍양이다. 할아버지는 조상정趙相鼎이고 아버지는 조인수趙仁壽이다. 『필적유휘』 편집자 조홍진의 재종조부이다. 1719년에 문과에 급제하여 영조가 왕세제일 때 그의 보호에 힘썼고 이인좌의 난을 진압하여 분무공신奮武功臣 3등에 녹훈되고 풍원군豊原君에 책봉되었다. 1750년에 영의정에 올라 균역법의 제정을 총괄했다. 노소탕평을 주도했고 양역良役 개선에 힘썼다. 시호는 충효忠孝이다. 저서로 『귀록집』이 있다.

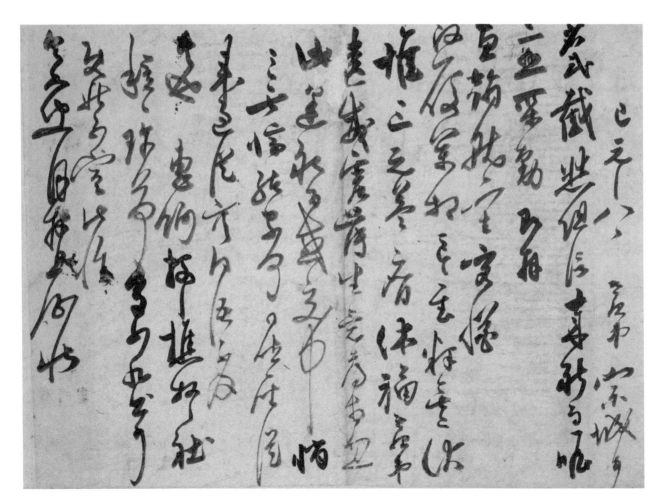

省式. 截然阻信, 歲新而瞻戀采勤, 即拜惠翰, 就審客臘, 政履萬相, 區區慰釋無已. 伏惟三元, 益膺休福. 萅服弟, 喪威震薄, 生意都盡, 忽此逢新, 百感交中, 悄悄無悰緒, 奈何. 日昨聖從來過, 從容向語, 不及兄也, 惠餉投之樵牧之社, 種種珍荷, 多少非書可旣. 姑不宣. 伏惟令下照. 謹拜上謝狀.

己元之八日, 期服弟宗城頓.

서식을 생략합니다. 오랫동안 소식이 막힌 채 새해가 되어 그리운 마음 더욱 컸었는데, 보내 주신 편지를 받아 지난 섣달 정무가 평안하셨음을 알고서 구구히 위로되고 마음이 놓여 마지않습니다. 생각건대 새해 더욱 큰 복을 받으시기를 바랍니다.

기복상萅服喪 중의 저는 초상을 만나 살고 싶은 마음이 도무지 없는데 갑자기 이렇게 새해를 맞으니 온갖 감정이 교차하며 안절부절 안정이 되지 않으니 어찌 하겠습니까.

일전에 성 종聖從(이름에 성聖 자가 들어가는 종형제)이 오는 길에 들러 조용히 이야기를 하면서도 형을 언급하지는 않았었는데 갖가지 진귀한 음식을 초동목부의 마을로 보내 주셨으니 감사의 마음을 글로 다 쓸 수 없습니다. 우선 서식을 갖추지 못합니다. 영감께서는 삼가 살펴 주십시오. 삼가 절하고 답장을 올립니다.

기년己年 1월 8일
기복제期服弟 종성宗城 올림

해설

이종성李宗城(1693~1759)이 수신인을 알 수 없는 사람에게 받은 선물에 대해 감사의 마음을 전하기 위해 보낸 편지이다.

이종성의 자는 자고子固이고, 호는 오천梧川이며, 본관은 경주이다. 벼슬은 좌의정, 영의정 등을 거쳐 영중추부사에 이르렀으며, 장헌세자를 적극 보호하였다. 성리학에 밝고 문장과 글씨에 뛰어났다. 시호는 효강孝康이었다가 문충文忠으로 바뀌었다. 저서로는 『오천집』이 있다.

03-1 절 節

· 명상 明相

1. 정유일의 시

丹砂峽．次前韻

無恙曾遊地, 重來訪紫霞．
滿山紅葉少, 隔水白雲多．
峽路秋天遠, 溪橋夕照斜．
居人能解末, 何處是仙蘿．

曾遊, 今餘二句, 紅葉落盡．

단사협.⁰¹ 이전에 지은 시를 차운하다[丹砂峽. 次前韻]

일찍이 탈 없이 노닐던 곳	無恙曾遊地
자하봉⁰²을 다시 찾았네	重來訪紫霞
온 산 붉은 잎은 적은데	滿山紅葉少
물 건너 흰 구름 많네	隔水白雲多
단사협 길 가을하늘 높고	峽路秋天遠
시내 다리에 석양 비끼네	溪橋夕照斜
사는 사람조차 알 수 있을까	居人能解未
어느 곳이 신선이 사는 곳인지	何處是仙蘿

지난 번 왔을 때로부터 지금 스무여 날이 되었으니 붉은 잎이 모두 떨어졌다.

---

01 단사협(丹砂峽) : 도산서원에서 멀지 않은 곳으로 현재 안동시 도산면 단천리 대세[丹砂] 마을의 동쪽 낙동강 가에 있다. 벼랑이 병풍처럼 늘어선 곳이다.

02 자하봉(紫霞峰) : 안동시 도산면 토계리 동쪽에 있다.

해설

　정유일鄭惟一(1533~1576)이 지은 시이다.『문봉집文峯集』권1에 같은 제목으로 실려 있다. 도산서원 인근의 단사협의 맑은 풍광을 읊었다. 본『필적유휘』에는 두 수로 편집하여 오려 붙였으나 정유일의『문봉집』에는 한 수로 실려 있으며 한 제목 아래 또 다른 한 수가 더 실려 있다. 정유일이 1568년에 예안 현감禮安縣監을 지낼 때 설월당雪月堂 김부륜金富倫(1531~1598) 등과 함께 인근을 유람하며 시를 지었는데 본 시는 그때 지은 시를 차운하여 지은 것이다.(『雪月堂集』권1「丹砂峽 次子中城主韻」)

　본 필적은『필적유휘』「절節」'명상名相' 조항에 실려 있는데, 편찬자 조홍진이 쓴 것으로 추측되는 주기注記에 "東皐"[03]라 적혀 있다. 동고東皐 이준경李浚慶(1499~1572)의 작품으로 오인한 듯하다. 이준경은 영의정을 지낸 명상이었으므로 이 필적을 여기에 배치한 것으로 추측된다. 본 시는 이준경의『동고유고東皐遺稿』에는 보이지 않는다.

　정유일의 자는 자중子中, 호는 문봉文峯, 본관은 동래이다. 이황李滉의 문하에서 수학하였다. 1558년에 문과에 급제하였고, 이후에 예조 참의·대사간을 지냈다. 저서로는『문봉집』과『명현록』이 있다.

---

03 동고(東皐) : 동고는 정유일과 사이가 가까웠던 월천(月川) 조목(趙穆, 1524~1606)의 또 다른 호이다. 정유일의 시가 동고 조목의 시로 오인된 이유를 추측하면 여러 명이 시를 지을 경우 지은 시들을 모아 시첩을 만드는데 일반적으로 시를 먼저 쓰고 시의 뒤에 지은이의 이름을 쓴다. 동고 조목의 시 뒤에 작자 '동고'가 적혀 있고 이어서 정유일의 시가 있고 그 아래 '문봉'이 적혀 있었을 것이다. 그런데 후인이 앞 시의 작자명과 뒷 시를 연결하여 정유일의 시를 동고의 시로 본 듯하다.

2. 이원익의 편지

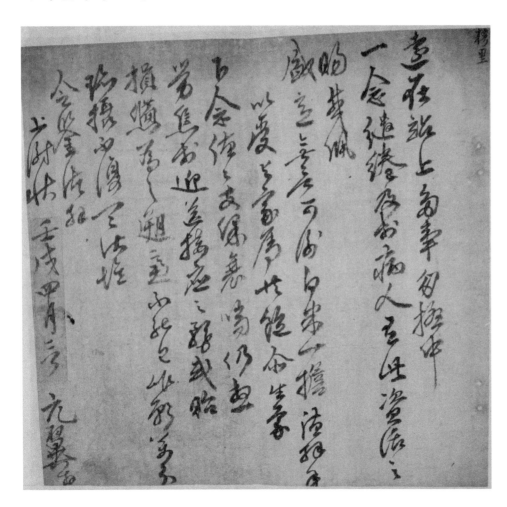

遠在站上, 多事匆擾中, 一念繾綣, 及於病人, 有此資活之賜, 感佩盛意, 無言可謝. 白米一擔, 謹拜手以受, 與家屬共飽爾. 生蒙下念, 僅僅支保衰喘. 仍想勞焦於迎送, 接應之務, 或貽損德, 爲之遡慮不能已. 唯願萬分珍攝. 不復一一. 伏惟令鑒. 謹拜上謝狀.

壬戌四月三日, 元翼拜.

멀리 역참에 있으면서 여러 일로 부산한 가운데도 한편으로 이렇게 정을 펼치시어 이 병든 사람이 살 수 있게 물품을 내려 주시니, 성대한 뜻에 감하하여 잊지 못할 뿐 달리 감사드릴 길이 없습니다. 백미白米 한 짐은 삼가 주신 대로 받아 집안 식구들과 함께 배불리 먹었습니다. 저는 생각해 주시는 덕분에 근근이 쇠약한 숨이나마 유지하고 있습니다. 그런데 맞이하고 보내며 접대하고 응하는 일에 마음을 다하고 있을 그대를 생각하니 혹 몸에 축나거나 고달플까 하는 염려가 그치지 않습니다. 오직 건강에 유의하시기를 바랍니다. 하나하나 다 적지 못합니다. 살펴 주십시오. 삼가 답장을 올립니다.

임술년(1622) 4월 3일
원익元翼 올림

해설

이원익李元翼(1547~1634)이 여주에 있을 당시, 자신에게 쌀을 보내 준 관리에게 감사하는 마음을 담아 보낸 편지이다. 하지만 수신자가 누구인지는 파악할 수 없다. 이원익은 임진왜란에 큰 활약을 한 명신인데, 임란 중인 1595년 우의정, 1598년 좌의정, 1599년 영의정에 오른 인물이다. 광해군 집정 후반기에는 임금에게 직언으로 간언하였고, 결국 대비폐위론을 극력 반대하다가 1615년 홍천으로 유배되었다. 결국 유배에는 풀렸지만 1619년부터 여주에 있었다. 그리고 인조가 반정한 후 곧장 영의정에 다시 제수되었다. 이원익의 자는 공려公勵, 호는 오리梧里, 본관은 전주이다.

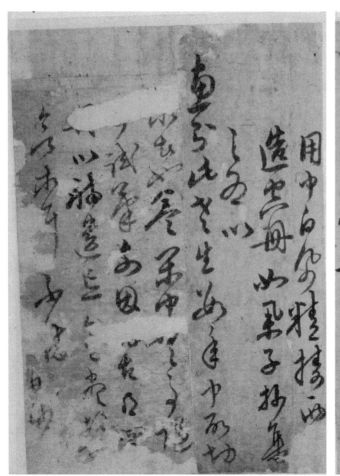
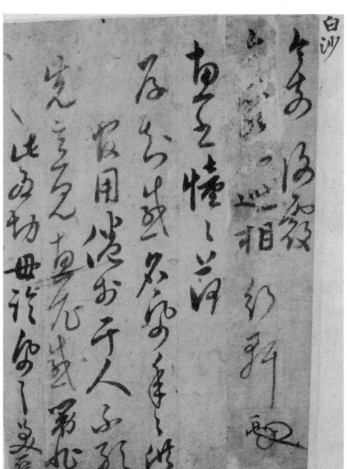

[피봉]

令前謝覆

□□(全羅)□ 巡相行軒

(수결)

　惠書憧憧, 荷厚知感, 名㡯年年供官用, 倦於干人, 不能先意, 見惠尤感. 第非此爲切, 毋論㡯之美惡, 用中白㡯, 精擣西□ 造空册, 如擧子抄集之爲, 以惠則此老生數年中所切□(求)者也. 蓋閑中□事, 隨□試筆. 文因□古得□□以病遺忘□盡□□欲求耳. 不備.

　白沙

[피봉]

영감 전 답장

순상巡相 행헌行軒에 올림

(수결)

　편지를 몹시 기다렸더니 두터운 은혜를 입어 감사드립니다. 명지名紙[04]를 해마다 관용官用으로 제공되는 종이를 썼으므로 다른 사람에게 구하는 데 게을러 먼저 생각을 내지 못했는데 이렇게 선물을 받았으니 더욱 감사드립니다. 다만 이것이 절실한 것이 아니며 종이의 좋고 나쁨은 말할 것도 없이, 쓰고 있는 백지는 세밀하게 두드려 만든 공책空册인데 거자擧子[05]들의 글을 모아

---

04 명지(名紙) : 과거 시험에 쓰는 두껍고 좋은 종이를 말한다.
05 거자(擧子) : 과거 응시자를 말한다.

베낀 그런 것을 주신다면 이 노생老生이 수년 동안 절실히 구하던 것입니다. 대개 한가로운 때에 -원문 빠짐- 따라 써 보려고 합니다. 글은 -원문 빠짐- 병으로 잊어버려 -원문 빠짐- 구하려고 할 뿐입니다. 서식을 갖추지 않습니다.

백사白沙

해설

　이항복李恒福(1556~1618)이 좋은 종이를 받은 것에 대한 감사한 마음을 전하고 과거 응시자들의 글을 모은 것을 요청하기 위해 감사에게 보낸 편지이다. 원본 자체의 손상이 심해 분명한 내용을 알기 어렵다.

　이항복의 자는 자상子常, 호는 필운弼雲·백사白沙·동강東岡, 본관은 경주이다. 1580년에 문과에 급제하여 1597년에 병조 판서를 지내고 1598년 오성부원군鰲城府院君에 봉작되었다. 1600년에 영의정이 되었고 호종1등공신扈從一等功臣에 녹훈되었다. 시호는 문충文忠이다. 저서로는 문집 및 『사례훈몽四禮訓蒙』, 『주소계의奏疏啓議』, 『노사영언魯史零言』이 있다.

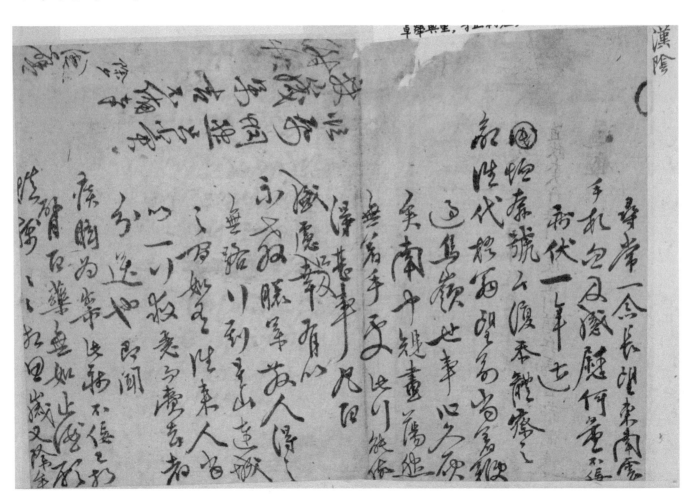

[피봉]

兄主拜答

眞寶侍史

(수결)

　卽有義興流寓人陳伯胤, 授書而去. 必是似略具於其書, 今不復縷縷耳. 秋夕若出去, 則可拜, 不然則九月可往矣. 其處疫病, 何久未平耶. 惟照察.
謹答上狀.

　八月三日, 成龍.

[피봉]

형님께 절하고 답장을 올립니다.

진보眞寶 관아에

(수결)

　의흥義興 출신으로 유랑하여 우거寓居하고 있는 진백윤陳伯胤이란 자에게 편지를 주어서 보냈습니다. 필시 그 편지에 대략 다 말했을 것이므로 지금 다시 누누이 말씀드리지 않겠습니다. 추석에 만약 나간다면 뵐 수 있을 것이나, 그렇지 않다면 9월에야 갈 수 있습니다. 그곳의 역병은 어찌 그다지도 오랫동안 가시지 않습니까. 살펴 주십시오. 삼가 답장을 올립니다.

　8월 3일

　성룡成龍

해설

1852년 무렵 류성룡柳成龍(1542~1607)이 형인 류운룡柳雲龍에게 보낸 답장이다. 류운룡은 44세 때인 1582년 가을에 진보 현감을 지냈으므로 편지를 쓴 시기를 알 수 있다. 류운룡에게 전달될 다른 편지를 가지고 간 사람이 누구인지를 알리고 자신의 일정을 전하였다.

류성룡의 자는 이현而見이고, 호는 서애西厓이며, 본관은 풍산豐山이다. 1566년에 문과에 급제하여 권지부정자, 검열 겸 춘추관 기사관, 대교, 전적을 거쳐 1569년에 공조 좌랑으로 있으면서 서장관書狀官으로 명나라에 갔다가 이듬해 귀국했다. 1581년에 부제학을 지냈으며, 1584년에 예조 판서에 올랐다. 다음해에 「포은연보圃隱年譜」를 교정하고 1586년에는 『퇴계선생문집』을 편차編次하였다.

1592년 임진왜란이 일어나자 병조 판서로서 군무를 총괄하는 도체찰사의 직책을 맡았다. 이어 영의정에 임명되어 왕의 피난길에 따라갔으나, 평양에 이르러 나라를 그르쳤다는 반대파의 탄핵을 받고 파직되었다. 곧 다시 등용되어 왕명으로 명나라 장수 이여송李如松과 함께 평양성을 되찾고, 이듬해 호서ㆍ호남ㆍ영남의 3도 도체찰사에 올랐다. 1597년 이순신이 탄핵을 받아 백의종군할 때 이순신을 천거했다 하여 여러 차례 벼슬에서 물러났다. 1600년 관작이 회복되었으나 다시 벼슬을 하지 않고 저술 활동을 하면서 은거했다. 1604년 호성공신扈聖功臣 2등이 되고, 다시 풍원부원군에 봉해졌다. 시호는 문충文忠이다. 저서로는 『서애집』ㆍ『징비록懲毖錄』을 비롯하여 『신종록愼終錄』ㆍ『영모록永慕錄』ㆍ『난후잡록亂後雜錄』ㆍ『상례고증喪禮考證』ㆍ『침경요의鍼經要義』 등이 있으며, 편서로 『대학연의초』ㆍ『포은집』ㆍ『퇴계선생연보』ㆍ『황화집皇華集』ㆍ『정충록精忠錄』ㆍ『효경대의孝經大義』 등이 있다.

6. 최명길의 편지

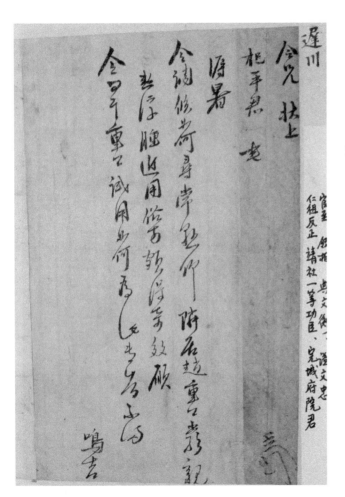

[피봉]

令兄狀上

杞平君宅 (수결)

溽暑令調候, 如何. 尋常懸仰. 隣居趙重卿嚴親患浮腫, 近用俗方, 頗得奇

效. 願令問于重卿, 試用如何. 爲此專告. 不備.

鳴吉.

[피봉]
영형[08]께 올리는 편지
기평군杞平君[09] 댁에 (수결)

장마철 무더위에 영감께서 조리하시는 형편은 어떠하십니까. 늘 마음에 그립습니다. 이웃집 조중경趙重卿의 아버지가 부종을 앓았는데, 근자에 민간의 처방을 쓰고서는 뛰어난 효과를 보았다고 합니다. 바라건대 영감께서 중경에게 물어 보시고, 이 처방을 사용해 보시는 것이 어떠합니까. 이 때문에 알립니다. 갖추지 못합니다.

명길鳴吉이

해설

최명길崔鳴吉(1586~1647)이 유백증俞伯曾에게 보낸 편지이다. 아마 이때 유백증이나 그 가족도 몸이 붓는 증상이 있었던 듯한데, 이 때문에 최명길이 편지를 써서 알린 것이다.

최명길은 자가 자겸子謙, 호는 지천遲川·창랑滄浪, 본관은 전주이다. 그는 병자호란 때 주화론자로 유명하다. 그는 약관의 나이(1605)에 문과에 합격하였고, 정묘호란 이전부터 대부분이 척화파인 조정에서 거의 유일하게 화의를 주장하였다. 결국 병자호란 이후인 1637년 우의정으로 정국과 민생의 안정을 도모하였으며, 그해 가을 영의정에 올랐고, 또한 1643년 다시 영의정에 올랐다. 병자호란을 헤쳐간 중심 인물 가운데 한 사람이자 명재상이었다.

---

08 영형(令兄) : 편지를 쓸 때 친구를 높여 부르는 말이다.
09 기평군(杞平君) : 유백증(俞伯曾, 1587~1646)의 봉호이다. 1623년 인조반정 때 공을 세워 봉해졌다. 자는 자선(子先), 호는 취헌(翠軒), 본관은 기계(杞溪)이다.

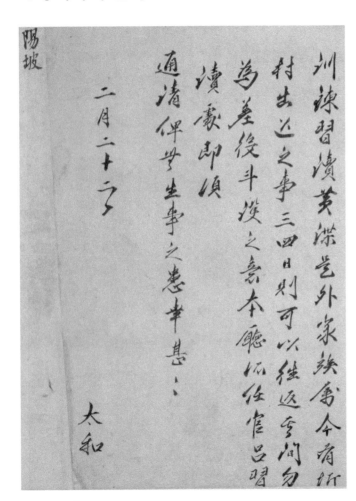

訓鍊習讀黃渫是外家族屬, 今有圻村出送之事. 三四日, 則可以往返, 其間勿爲差役斗護之意, 本廳所任官呂習讀處, 卽須通請, 俾無生事之患, 幸甚幸甚.

二月二十二日, 太和.

훈련 습독訓鍊習讀 황설黃渫은 나의 외가外家 족속族屬인데, 지금 기촌圻村으로 출송出送된 일이 있습니다. 삼사일이면 갔다가 되돌아올 수 있으니 그 사이에 차역差役되지 않도록 보호할 것을 본청本廳 소임관所任官 여 습독呂習讀에게 곧바로 반드시 요청하여 일이 생기는 근심이 없도록 하시기를 매우 바랍니다.

2월 22일

태화太和

해설

정태화鄭太和(1602~1673)가 인척에 대한 부탁을 하기 위해 보낸 편지이다.

정태화의 자는 유춘囿春, 호는 양파陽坡, 본관은 동래東萊이다. 영의정을 지냈던 정광필鄭光弼의 5대손이며 좌의정을 지냈던 정치화鄭致和와 예조 참판을 지냈던 정만화鄭萬和의 형이다. 1628년에 문과에 급제하여 1651년 영의정이 되었으며 20여 년 동안 다섯 차례 영의정을 지내면서 효종과 현종을 보필하였다. 시호는 익헌翼憲이었다가 충익忠翼으로 바뀌었다. 저서로는 『양파유고』가 있다.

8. 이경석의 편지

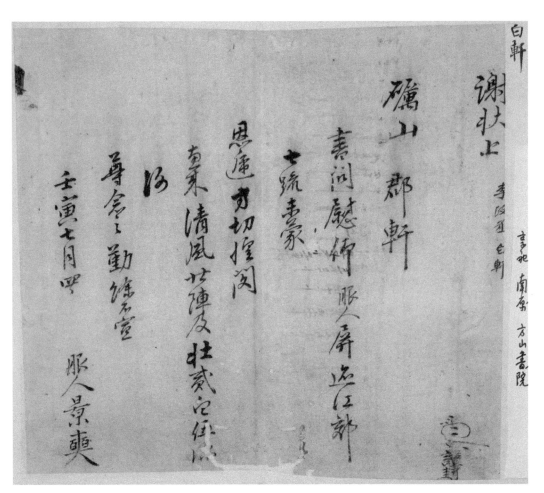

[피봉]

謝狀上

礪山郡軒

(수결) 謹封

　書問慰仰. 服人屛迹江郊, 七疏
未蒙恩遞, 方切惶閟. 惠來淸風廿
陣及壯貳白伍, 深謝尊念之勤. 餘
不宣.

　壬寅七月四日, 服人景奭.

[피봉]
답장을 올림
여산의 군헌에
(수결) 삼가 봉함

편지로 안부를 물으시니 우러러 위안이 됩니다. 상주인 저는 강교江郊에 은거하며 일곱 번 사직 상소를 올렸으나 아직 벼슬이 교체되는 은혜를 입지 못하여 황송하고 답답한 마음 절실합니다. 부채 20진陣과 장지壯紙 205장을 주셨으니 저를 생각해 주시며 애쓰신 마음에 매우 감사합니다. 나머지는 갖추지 못합니다.

임인년(1662) 7월 4일
복인服人 경석景奭이

해설

이경석李景奭(1595~1671)이 1662년에 여산 군수에게, 선물을 받은 데 대한 감사의 마음을 전하기 위해 보낸 편지이다. 이 편지의 피봉 부분에 쓰인 "이 정승李政丞 백헌白軒"은 후세 사람의 가필인 듯하다.

이경석의 자는 상보尙輔이고, 호는 백헌白軒이며 본관은 전주이다. 1617년에 문과에 급제했으나, 이듬해 인목대비仁穆大妃의 폐비 상소에 가담하지 않아 삭적削籍되고 말았다. 1632년에는 가선대부嘉善大夫에 오르고 대사간에 제수되었다. 1636년 병자호란 때 대사헌·부제학에 연달아 제수되어 인조를 호종해 남한산성에 들어갔다. 이듬해 인조가 항복하고 산성을 나온 뒤에는 도승지에 발탁되어 예문관 제학을 겸임하며 「삼전도비문三田渡碑文」을 지었다. 후에 영의정이 되었다. 시호는 문충文忠이다.

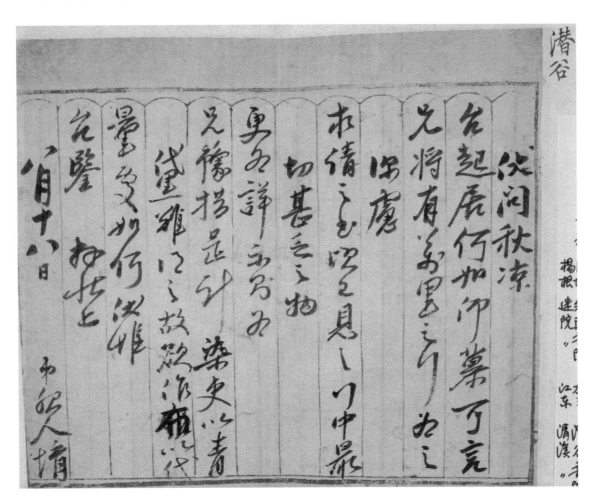

伏問秋涼, 台起居何如. 仰慕可言. 兄將有萬里之行, 爲之深慮. 求請之書, 頃已見之. 行中最切, 甚乏之物, 更爲詳示, 則爲兄豫措呈計. 染吏以青黛難得之故, 欲作布以代, 量處如何. 伏惟台鑒. 拜狀上.

八月十八日, 弟服人堉.

삼가 서늘한 가을에 대감의 기거는 어떠하신지 문안을 여쭙습니다. 앙모함을 어찌 말로 할 수 있겠습니까. 형께서 만 리나 되는 행차를 떠나신다니 매우 염려가 됩니다. 물품을 청구하는 서목은 지난번에 이미 보았습니다. 사행하시는 가운데 가장 절박하게 필요하고 모자란 물건을 다시금 상세히 알려 주신다면 형을 위해 미리 조치하여 올릴 생각입니다. 염료를 다루는 관리가 청대靑黛[10]를 얻기 어려운 까닭에 이를 포布로 대신하고자 하니, 헤아려 처리하심이 어떠합니까. 대감께서는 살펴 주십시오. 삼가 편지를 올립니다.

8월 18일
복인服人 육堉이

해설

김육金堉(1580~1658)이 청나라 심양으로 사신으로 가는 관료에게 필요한 물품을 자세히 알려 주면 마련하여 보내겠다는 내용의 편지이다.

김육은 자가 백후伯厚, 호는 잠곡潛谷, 본관은 청풍淸風이다. 그는 인조 때 우의정에 오르고, 효종 때는 영의정에 올랐다. 그의 치적 가운데 최고로 꼽히는 것은 대동법이다. 이외에도 그는 화폐의 주조와 유통, 시헌력의 도입 등 민생의 안정에 큰 공헌을 하였다.

---

10 청대(靑黛) : 검푸른 색을 내는 염료이다. 약재로도 사용되며, 특히 여인들이 눈썹을 그릴 때 사용한다고 한다. 중국에서 생산되기에 구하기가 어려웠다.

10. 남구만의 편지

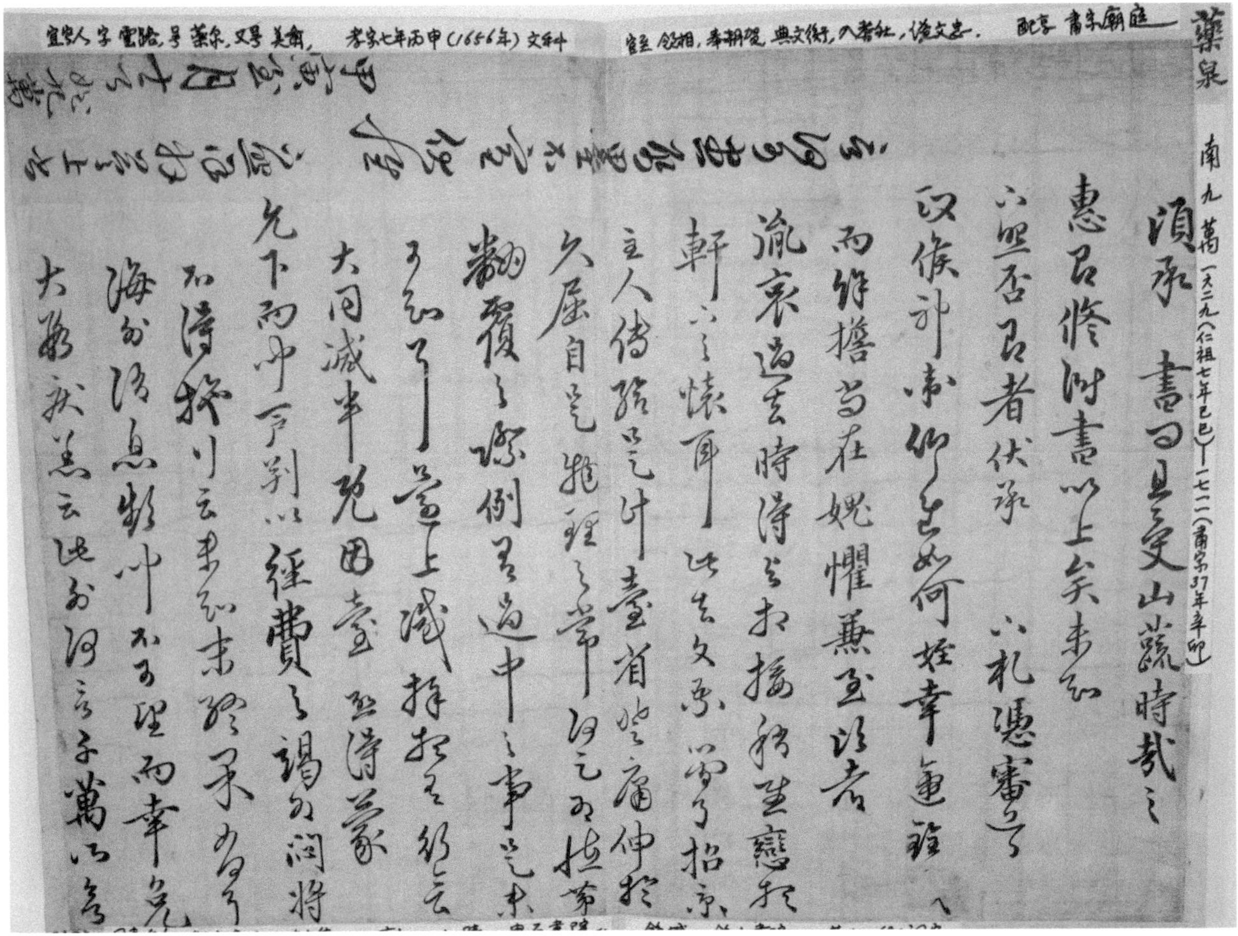

頃承書問, 且受山蔬, 時哉之惠, 卽修謝書以上矣, 未知下照否. 卽者伏承下札, 憑審近日政候神衛, 仰慰如何. 姪幸遞銓而餘擔尙在, 媿懼兼至. 頃者胤哀過去時, 得與相接, 稍慰戀想軒下之懷耳. 此去文衙簡了招京主人, 傳給是計. 臺省登庸, 伸於久屈, 自是物理之常, 何足爲恠. 第飜覆之際, 例有過中之事. 是未可知耳. 還上減捧, 想有行會, 大同減半, 旣因臺啓, 得蒙允下, 而聞戶判, 以經費之竭爲悶, 將不得施行云. 未知末終果如何耳. 海外消息頻聞不可望, 而幸免大段病恙云, 此外何言. 千萬所欲言, 何可盡紙墨. 不宣. 伏惟下照. 謹拜答上書.

甲寅至月十二日, 姪九萬.

지난번 편지를 받았고 또 산나물까지 받아 때에 맞는 선물에 곧장 답장을 써서 올렸는데, 살펴보셨습니까? 지금 삼가 내려주신 편지를 받고서 근자에 벼슬하시는 정황이 좋으시다는 것을 알고서 참으로 위로가 되었습니다. 조카는 다행이 전조銓曹(이조와 병조)에서 체직되었으나 남은 짐이 아직 있으니, 부끄러움과 두려움이 함께 이릅니다. 지난번 상을 당한 아드님이 지나갈 때 서로 만났는데, 그리운 숙부님의 품을 만난 듯 조금이나마 위로되었습니다.

이번 문의文義[11]의 관아에 가는 편지는 경주인京主人을 불러서 전해 줄 생각입니다. 대성臺省(사헌부와 사간원)에 등용된 것은 오래 움추려 있다 편 것이니 원래 일의 이치가 그러하니 무엇이 괴이하겠습니까. 다만 번복하는 와중에 법도에 어긋나는 일이 있었으니, 이를 알 수가 없습니다.

환곡을 덜어 주는 일은 논의하는 자리가 있을 것이라 생각하고, 대동미를 반으로 줄이라는 것도 이미 대간들이 계장啓狀을 올려 윤허를 받았습니다. 그런데 호조 판서에게 들으니 경비가 모자라는 것이 근심이라 장차 이를 시행할 수 없을 것이라 말하였는데, 그 마지막이 과연 어떠할지 모르겠습니다. 바다 밖의 소식은 자주 들을 수 없으나 큰 병고는 면했다고 합니다. 이 밖에 무슨 말을 하겠습니까. 하고 싶은 수많은 말들을 어찌 편지지 위에 다 적겠습니까. 더 적지 못합니다. 삼가 살펴 주십시오. 답장을 올립니다.

갑인년(1674) 11월 12일
조카 구만九萬 올림

---

11 문의(文義) : 현재 충북 청원군 문의리이다.

해설

　남구만南九萬(1629~1711)이 숙부에게 보낸 편지인데, 남구만의 숙부로는 남이성南二星 밖에 없는데, 정확하게 이 편지가 남이성에게 간 것인지는 확신할 수 없다. 아마 5촌 이상의 숙부 또는 외숙에게 보낸 편지인 듯하다. 이 당시 남구만은 46세로 이조 참판을 하다가 10월에 형조 참판과 승문원 제조가 되었다. 이에 당시의 정치적 상황을 숙부에게 말하였는데, 인사의 문제, 환곡과 대동미에 관한 문제, 일본에 사신으로 간 사람들의 문제였다.

　남구만은 자가 운로雲路, 호는 약천藥泉, 본관은 의령이다. 송준길 문하에서 수업하였고, 1656년 문과에 급제하였다. 숙종 때 노론의 거두였으며, 1687년 영의정에 올랐으며, 1694년 다시 영의정에 올랐다.

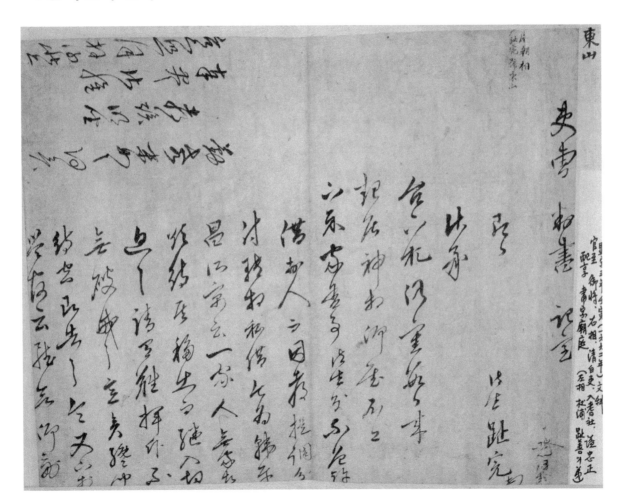

吏曹判書記室

(수결) 謹封

伏承台下札, 仍審數日來起居神相, 仰慰不已. 下示家害事, 侍生則不道許借於人, 而因都提調分付, 轉相私借, 今爲韓平昌所寓云. 一家人無家者, 欲待其移土而繼入, 切迫之請, 有難揮斥, 不無破戒之意矣. 纔聞待空卽告之令, 又下於營官云, 雖欲仰副勤敎, 末如之何矣. 都竢明坐奉盡之. 伏惟台下照. 謹拜謝狀上.

卽日, 侍生趾完頓.

[피봉]

이조 판서께

(수결) 삼가 봉함

　대감의 편지를 삼가 받고 근래 며칠간의 안부를 알았으니 우러러 위로되기 그지없습니다. 말씀하신 집으로 인해 해가 된 일은, 시생侍生은 남에게 빌려줄 것을 허락한 적이 없는데 도제조都提調의 분부로 여러 사람이 사사로이 빌렸으며 지금은 한평창韓平昌의 숙소라고 합니다. 일가 사람으로 집이 없는 사람이 옮겨가기를 기다려서 바로 이어서 들어가고자 함에 절박한 청을 물리치기 어려웠으니 규율을 어긴 것이 없지 않습니다. 듣건대 집이 비기를 기다려 즉시 고하라는 명령이 또 감영에 내려왔다고 하니 비록 말씀에 부응하고자 하나 어찌할 방법이 없습니다. 모든 것은 밝은 날 뵙고 다 말하겠습니다. 대감은 살펴 주십시오. 삼가 답장을 올립니다.

　편지를 받은 당일

　시생侍生 지완趾完이 조아려 올립니다.

해설

　윤지완尹趾完(1635~1718)이 자신이 관리하고 있는 건물의 사용에 관한 사정을 알리기 위해 이조 판서에게 보낸 편지이다. 편지를 받는 상대가 이 건물에 대해 사용을 요청하는 듯하며 이러한 상대의 부탁에 응할 수 없는 근래의 상황을 전하였다.

　윤지완의 자는 숙린叔麟, 호는 동산東山, 본관은 파평坡平이다. 아버지는 판서를 지낸 윤강尹絳이며, 좌의정을 지낸 윤지선尹趾善의 아우이다. 1662년에 문과에 급제하여 1688년에 병조 판서, 1694년에 우의정, 1703년에 영중추부사가 되었다. 시호는 충정忠正이다.

절 節

·명절名節

12. 길재의 편지

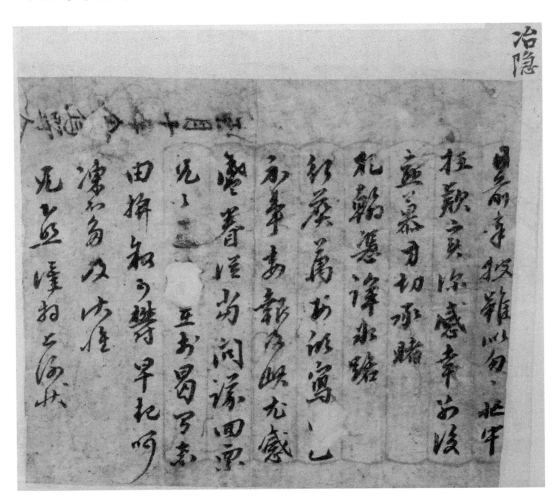

日前奉披. 雖以匆匆忙中, 枉款實深, 感幸. 別後戀慕方切, 承睹札翰, 憑詳氷路行葬萬安, 欣寫□□(已). 示事委報及此, 尤感盛眷. 從當問議回禀, 兄之□□, 在於曷有, 末由抌敍, 可鬱. 早起呵凍, 不多及. 伏惟兄下照. 謹拜上謝狀.

至月十五, 金烏野人.

일전에 편지를 받아 뜯어 보았습니다. 바쁘신 가운데도 굽혀 생각해 주신 정성이 실로 크니 감사드립니다. 이별 후에 그리운 마음이 막 간절하였는데, 편지를 받고서, 언 길을 가서서 장례를 치르신 후 평안하시다는 것을 자세히 알고 기쁘고 놓이는 마음 끝이 없습니다. 말씀하신 일은 저에게까지 알려 주시니 깊은 보살핌에 더욱 감사드립니다. 곧장 마땅히 묻고 의논하여 다시 아뢰어야 하지만 형의 —글자 빠짐— 없어, 만나서 이야기를 나눌 길이 없으니 답답합니다. 일찍 일어나 언 손을 불며 쓰기 때문에 많이 말하지 못합니다. 형은 살펴 주시기 바랍니다. 삼가 절하고 답장을 올립니다.

11월 15일
금오야인金烏野人

해설

연도를 알 수 없는 해의 11월 15일에 금오야인이 수신인을 알 수 없는 사람에게 보낸 편지이다. 『필적유휘』편집자 조홍진은 금오야인을 길재吉再(1353~1419)로 보고 명절편名節篇의 맨 처음에 배치한 듯하지만 편지지의 형식이나 지질 등으로 보아 의심스러운 점이 있다.

길재의 자는 재보再父이고, 호는 야은冶隱 또는 금오산인金烏山人이며, 본관은 해평海平이다. 이색·정몽주·권근에게 배웠고 1374년에 생원시에 합격하고, 1383년에 사마감시司馬監試에 합격하였다. 이방원과 한 마을에 살면서 함께 학문을 강론하였지만, 고려가 망할 것을 알고서 벼슬을 버리고 고향인 선산으로 돌아왔다. 그의 학문은 김숙자·김종직·김굉필·정여창·조광조로 전해졌고, 저서로는 『야은집』과 『야은속집』이 있으며, 『야은언행습유록冶隱言行拾遺錄』이 전한다.

13. 원천석의 시

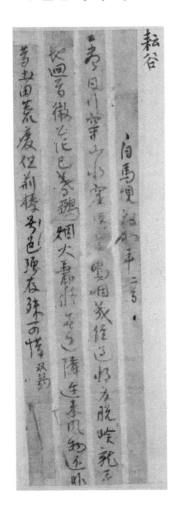

自馬峴到加平 二首

盡日行穿山水窟
巉巖嗚咽幾經過
將身脫險就平地
迴首微茫已暮鴉

烟火蕭條無近隣
邇來風物還非昔
土田荒廢但荊榛
邑號彊存殊可惜
雙韻

마현에서 출발하여 가평에 도착하다. 2수[自馬峴到加平 二首]

종일 산수 속을 뚫고 가는데	盡日行穿山水窟
험한 바위를 몇 번이나 괴롭게 지났나	巉巖嗚咽幾經過
험지에서 몸을 빼 평지로 나오며	將身脫險就平地
아스라이 돌아보니 이미 땅거미 지네	迴首微茫已暮鴉

쓸쓸히 연기 오르는 인가 없으니	烟火蕭條無近隣
근래의 경물이 예와는 다르네	邇來風物還非昔
전토는 황폐하게 가시만 우거졌으니	土田荒廢但荊榛
마을 이름만 남은 것이 몹시 애석하네	邑號彊存殊可惜

　　―쌍운雙韻[01]으로 지음―

해설

원천석元天錫(1330~?)이 지은 시이다. 이 시는 문집인『운곡행록耘谷行錄』2권에 실려 있다. 책 편집자가 두 수의 시를 필첩의 면에 맞게 잘라 붙였으므로 시를 쓴 그대로의 모양은 아니나 친필 유물로서 귀중한 자료이다.

원천석의 자는 자정子正, 호는 운곡耘谷, 본관은 원주이다. 두문동杜門洞 72현 중 한 사람이다. 1362년에 진사가 되었으나 정치가 문란하여 치악산에 들어가 살았고 조선 태종이 자주 불렀으나 응하지 않았다.

---

01 쌍운(雙韻) : 한 수의 시에 전구와 후구에 각각 다른 운자를 달아 두 개의 운자로 짓는 경우를 말한다.

14. 정온의 시

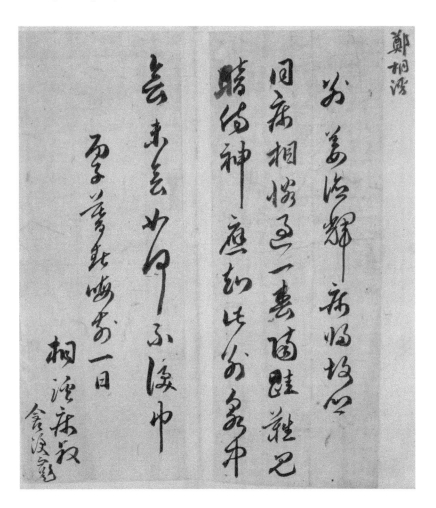

別姜德輝病歸故鄉

同病相憐過一春, 隔跬難見暗傷神.
應知此別夢中會, 未會如何不淚巾.

丙子暮春晦前一日, 桐溪病叔, 含淚而題.

강덕휘姜德輝가 병으로 고향으로 돌아간다기에 이별시를 지어 주다

동병상련하며 한 해 봄을 보냈는데　　　　　　同病相憐過一春
가까이 있어도 만나지 못해 남몰래 맘 아팠네　　隔跬難見暗傷神
이 이별 뒤 황천에서 만날 것은 알겠지만　　　　應知此別泉中會
그래도 만나지 못하니 어찌 눈물 적시지 않으랴　未會如何不淚巾

병자년(1636) 3월 늦봄 그믐 전날에
병든 숙부 동계桐溪가 눈물을 머금으며 짓다.

해설

이 시는 정온鄭蘊(1569~1641)이 강덕휘에게 쓴 증별의 시이다. 강덕휘는 이항복의 『백사집』에 황해 병사黃海兵使로 나오는데, 그의 생애는 알려져 있지 않다.

정온의 자는 휘원輝遠 호는 동계桐溪, 본관은 초계草溪이다. 그는 1610년에 문과에 급제하였는데, 임해군의 옥사에 대해서는 전은 설全恩說을 주장했고, 영창대군의 죽음에 대해서는 격렬한 상소를 올려 그와 관련된 죄인들을 처벌하고, 폐모론에 대해서는 부당함을 주장하였다. 이에 광해군의 미움을 사 제주도에 위리안치되었으며, 인조반정 때까지 유배되었다. 인조는 그의 절의를 높이 사 여러 청요직에 제수하였다. 정묘호란 때 왕을 호종하였고, 병자호란 때 자결을 감행하였으나 실현되지 못하였다. 이후 덕유산에 들어가 삶을 마쳤다. 이후 숙종 때 다시 그의 절의를 높이 평가하여 영의정에 추증하였다.

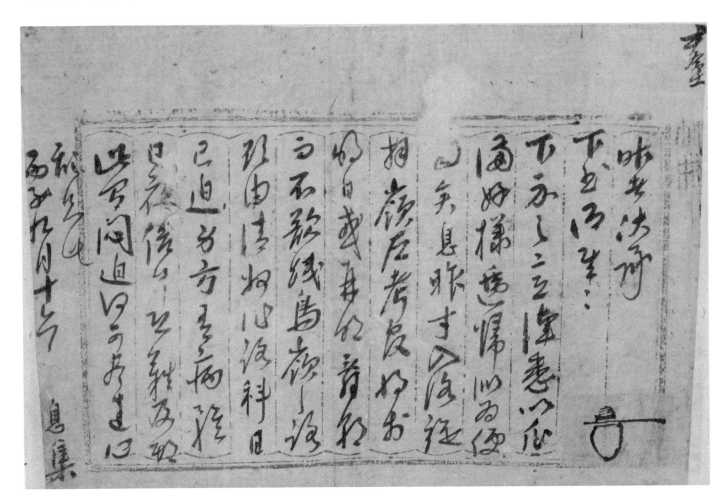

(수결)

昨者, 伏承下書, 仰慰仰慰. 下示之意謹悉. 以瓜滿好樣遞歸, 似爲便當矣. 息, 昨才入洛, 旋拜嶺左考官, 將於明日或再明, 辭朝, 而不欲踐鳥嶺之
路, 欲由淸州作路. 科日已迫, 身方有病, 雖日夜倍行, 恐難及期. 此間悶迫, 何可盡達. 心亂只此.
丙子九月十六日, 息集.

(수결)

어제 편지를 받고 매우 위로되었습니다. 말씀하신 뜻은 삼가 잘 알겠습니다. 임기를 채워서 좋은 모양으로 체직되는 것이 편하고 마땅할 듯합니다. 저는 어제 겨우 서울로 들어와 잠깐 영남 좌도의 고관考官을 만났고 내일이나 모레에 조정에 하직 인사를 할 것인데 조령 길로 가고 싶지는 않아 청주로 길을 잡아 가려고 합니다. 과거 날이 닥쳤지만 지금 몸에 병이 들었고 비록 주야로 갑절로 일정을 당겨 가더라도 날짜에 맞추기 어려우니 답답하고 절박한 심정을 어찌 다 말하겠습니까. 심란하여 이만 줄입니다.

병자년(1636) 9월 16일
식息 집集

해설

윤집尹集(1606~1637)이 어머니 혹은 집안 어른에게 보낸 것으로 추정되는 편지이다. 자신의 일정을 알리고 상황을 전하였다. 스스로를 지칭하는 용어로 '息'을 썼는데 이 글자는 아들이 아버지에게 쓰는 용어이나 당시 아버지 윤형갑尹衡甲은 어릴 때 작고하였으므로 수신자는 그의 어머니일 가능성이 있다. 편지 중의 수결은 피봉에 있었을 것으로 추정되는 것으로, 편집자가 옮겨 붙인 것이다.

윤집의 자는 성백成伯, 호는 임계林溪·고산高山, 본관은 남원이다. 1631년 문과에 급제하여 1636년 이조 정랑·부교리를 거쳐 교리로 있을 때 병자호란이 일어났다. 청나라와의 화친을 반대하여 청나라로 끌려가 심양성 서문 밖에서 사형을 당하였다. 병자호란 삼학사 중 한 사람이다. 영의정에 추증되었고 시호는 충정忠貞이다.

16. 조한영의 시

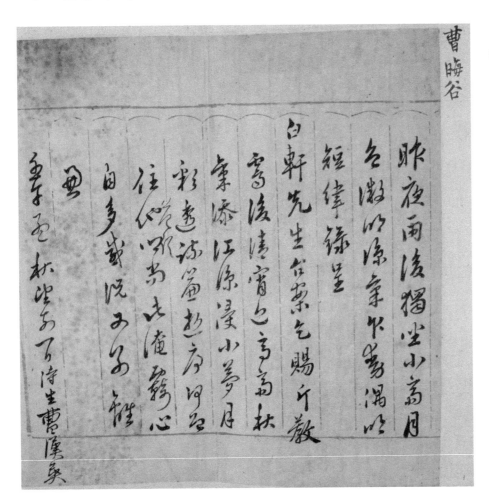

昨夜雨後, 獨坐小齋, 月色微明, 涼氣乍動,
偶吟短律, 錄呈白軒先生台案, 乞賜斥敎.

霽後淸宵近, 高齋秋氣添.
江涼侵小夢, 月彩透疏簾.
逝序何邑住, 道行當此淹.
羈心自多感, 況又別離兼.

壬午孟秋望前一日, 侍生曹漢英.

어젯밤 비 온 뒤 작은 집에 혼자 앉아 있으려니 달빛은 어렴풋하고 서늘한 기운이 살짝 느껴져, 무심코 율시를 읊어 백헌 선생白軒先生[02]께 적어 올려 가르침을 청한다.

비 갠 뒤 맑은 밤하늘 가까운데	霽後淸宵近
덩그런 재실에 가을 기운 짙어지네	高齋秋氣添
강의 서늘함 옅은 잠결에 닥치고	江凉侵小夢
달빛은 성근 발로 스며드네	月彩透疏簾
가는 세월 어느 고을에 머물까	逝序何邑住
행로 중 여기가 바로 그곳일세	道行當此淹
나그네 마음 절로 생각이 많은데	羈心自多感
하물며 이별이 더함에랴	況又別離兼

임오년(1642) 7월 14일
시생 조한영曹漢英

해설

조한영曹漢英(1608~1670)이 1642년 7월에 지은 율시로, 이경석李景奭(1595~1671)에게 객지의 심정을 읊어 교정을 청하였다.

조한영의 자는 수이守而이고, 호는 회곡晦谷이며, 본관은 창녕昌寧이다. 1637년에 문과에 급제하였고, 병자호란 당시 심양으로 잡혀 가 투옥되었고, 옥중에서 김상헌의 시문집인 『설교집雪窖集』의 편찬에 참여하였다. 1668년에 예조 참판이 되고, 이어 한성부 좌윤·형조 참판·경기도 관찰사를 지냈다. 저서로는 『회곡집』이 있다.

---

02 백헌 선생(白軒先生) : '백헌'은 이경석(李景奭)의 호이다.

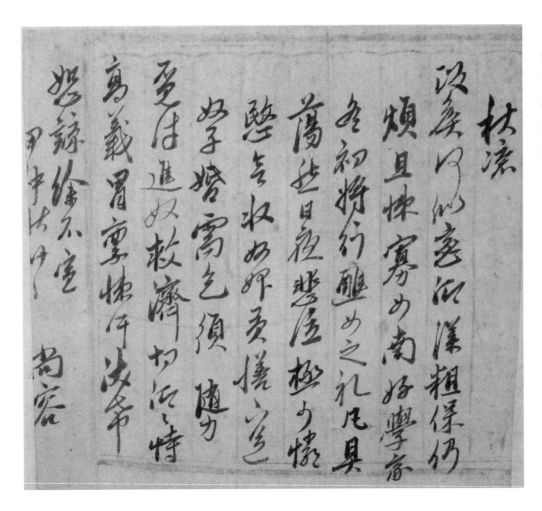

秋涼, 政候何似? 戀仰. 僕粗保, 仍
煩且悚, 寡女南好學家, 冬初將行醮
女之禮, 凡具蕩然, 日夜悲泣, 極可憐
愍. 欲收奴婢貢膳, 下送奴子, 婚需乞
須隨力覓付進奴救濟, 切仰切仰. 恃
高義冒稟, 悚汗. 伏希恕諒. 餘不宣.
甲仲秋廿日, 尚容.

가을 추위에 정사를 보시는 건강은 어떠하십니까? 참으로 그립습니다. 저는 그럭저럭 지내고 있으며 번거롭고도 송구하게 말씀드릴 바는, 여식이 남호학南好學 집에 혼사를 정하여 초겨울에 초녀醮女의 예[03]를 거행할 것인데, 혼사 물품이 아무것도 없어 여식이 밤낮으로 슬프게 울고 있으니 참으로 딱하고 가련합니다.

노비의 공선貢膳[04]을 거두고자 종을 내려 보냈으니 혼수를 힘이 닿는 대로 내려보낸 노비 편에게 보내 주시어 저를 구해 주시기를 간절히 바랍니다. 높은 의리를 믿고서 감히 아뢰니 송구스러워 땀이 맺힙니다. 삼가 너그럽게 양해해 주시기 바랍니다. 나머지는 이만 줄입니다.

갑년甲年(1604) 중추仲秋(8월) 20일

상용尙容이

해설

김상용金尙容(1561~1637)이 수신인을 알 수 없는 사람에게 딸의 혼수를 마련하는데 협조해 줄 것을 부탁하는 편지이다.

김상용의 딸 가운데 남호학南好學에게 시집간 딸은 김상용의 첫째 딸이다. 이 딸은 1582년에 태어났고, 1604년 남호학에게 시집갔다.(『선원유고』 「연보」) 그렇다면 갑년甲年은 1604년이다. 딸을 시집보내는 아비 김상용의 마음이 잘 담겨 있다.

김상용의 자는 경택景擇, 호는 선원仙源 또는 풍계楓溪·계옹溪翁, 본관은 안동이다. 1590년 문과에 급제하여 정철鄭澈의 종사관으로 활동하였고, 1598년 성절사로 명에 다녀왔다. 병자호란 때 묘사주廟社主를 받들고 빈궁嬪宮·원손元孫을 수행하여 강화도에 피난했다가 함락되자 화약에 불을 지르고 자결했다. 그의 사위인 계곡 장유張維의 묘비명에 "50년 동안 조정에 있으면서 삼공三公의 지위까지 이르렀음에도 불구하고 쌀독이 몇 번이나 비기 일쑤여서 그때마다 집사람이 꾸어다가 생활을 꾸려 나가곤 하였다."라고 하였다. 1758년에 영의정에 추증되었다.

---

03 초녀(醮女)의 예 : 딸이 시집가기 전에 부모가 미리 딸에게 당부를 하거나 앞으로 살아가야 할 도리를 일러 주던 의식이다.

04 공선(貢膳) : 노비가 자신의 역할을 할 수 없을 때 대신 베를 바치는 것이다.

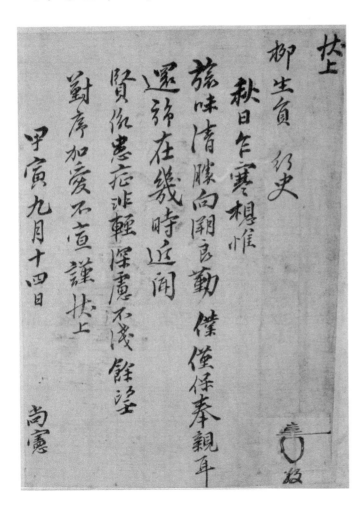

[피봉]

狀上

柳生員行史 (수결) 敬

秋日乍寒, 想惟旅味淸勝, 向溯良勤. 僕僅保奉親耳. 還旆在幾時? 近聞賢胤患症非輕, 深慮不淺. 餘望對序加愛. 不宣. 謹狀上.

甲寅九月十四日, 尙憲.

[피봉]
편지를 올림
류 생원의 행차에 (수결) 경敬

가을날 문득 싸늘해지니, 여행하시는 맛이 더욱 좋으시리라 생각합니다. 그리워함이 진실로 간절합니다. 저는 겨우 몸이나 보존하며 어버이를 모시고 있습니다. 언제 돌아오십니까? 근자에 아드님께서 앓고 있는 병이 가볍지 않다고 들어 깊이 염려됩니다. 나머지는 계절에 따라 더욱 진중하시기를 바랍니다. 이만 줄입니다. 삼가 편지를 올립니다.

갑인년(1614) 9월 14일
상헌尙憲이

해설

이 편지는 김상헌金尙憲(1570~1652)이 노정에 있는 류 생원이라는 사람에게 보낸 것이다. 하지만 류 생원이 누구인지는 확실하지 않다. 다만 이 당시 김상헌은 안동 풍산에 거주하였다.

김상헌의 자는 숙도叔度, 호는 청음淸陰, 본관은 안동이다. 원래 서울 출신으로, 1596년 문과에 합격하여 벼슬을 시작하였다. 그러나 1613년 칠서지옥七庶之獄이 발생하고, 인목대비의 아버지인 김제남이 사형되자 사돈이었던 김상헌 역시 파직되었다. 이후 안동으로 이사하였다. 그러다 인조반정 후 이조 참의에 발탁되어 벼슬을 계속하였다. 특히 병자호란 때 그는 예조 판서로 주전론을 펼쳤다. 그의 뛰어난 절개는 이때 드러났다. 이후 청나라에 의해 청에 잡혀가 고초를 당하기도 하였다.

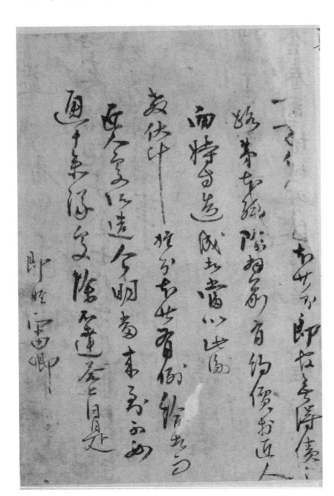

□□□□□□本曹, 則郎官無得債之路. 第本職除拜前, 有約價於匠人而將方造成者, 當以此副教伏計. 姪則本曹有例給者, 而匠人處所造, 今明當來到, 不必通于參議處. 餘不達. 答上白是.

卽, 姪雷卿.

－글자 빠짐－ 본조本曹에 －글자 빠짐－이므로 낭관郎官에게 빌릴 길이 없습니다. 다만 본직本職에 제배除拜하기 전에 장인匠人과 값을 약속하여 바로 만들기로 한 바가 있어, 이렇게 말씀에 부응할 생각입니다.

저는 본조本曹에서 관례상 지급하는 것이 있고 장인匠人이 만든 것이 오늘 내일 간에 올 것이니 참의參議에게 통지할 필요가 없습니다. 나머지는 아뢰지 않습니다. 답하여 아룁니다.

즉일에

조카 뇌경雷卿이

해설

정뇌경鄭雷卿(1608~1639)이 집안 숙항의 어른이 시킨 일에 대해 자신의 계획을 알리기 위해 보낸 편지이다.

정뇌경의 자는 진백震伯, 호는 운계雲溪, 본관은 온양溫陽이다. 1630년에 문과에 급제하였다. 소현세자昭顯世子가 볼모로 청나라 심양瀋陽에 잡혀갈 때 자청해 수행하여 세자를 보위하였다. 청나라에는 건주위建州衛를 정벌할 때 포로가 된 정명수鄭命壽와 김이金伊가 청나라에 아첨하며 우리나라에 행패를 부리고 있었는데, 이들의 죄상을 고발하며 처벌을 주장하다가 청나라 관헌에 잡혀 처형당하였다. 그때 나이 32세였다. 이조 참판에 추증되었으며, 시호는 충정忠貞이다.

朴泰輔（一六五四甲午生——一六八九己巳年卒）

潘南人 字士元 号 定齋

274

昨奉恩迫, 追用依悵依悵. 昨兄言不肯署經, 却似要除署經, 是大不然. 弟旣非庶官, 而有此做錯, 只合力辭職名. 今若請考署經, 却似要供職, 況於循例, 署前出仕乎! 此義甚明, 非遭勸督, 決難自請署經. 但兄所言, 難以某不肯署經, 今使之持爲署經爲草記者, 在本館事體亦有理. 若以某昨日承牌之後, 以爲旣已越例過時, 異於初授職之人, 今始署經, 終有不安, 而尤不敢循例署前出仕陳疏出者, 至於違牌, 有難一向强迫而行公, 本館僚員之苟簡, 莫甚於近日. 某使之今明日內, 速爲署經之意爲草記, 則無妨於事體, 而於弟出處, 亦可移成節目, 如何? 弟意本欲因此脫濕, 無望得出, 而脫濕未易. 召牌頻降, 轉入窮蹙之境, 不免懇人開我路徑, 亦可謂失其本心者矣. 可呵可呵. 然不如此, 則終無歸宿之日, 兄其深思, 而善處之, 至幸. 不然若以職謝得罷, 則鴻飛冥冥, 不復爲此多言矣. 然姑未能自必, 敢此不宣.

即, 弟輔頓.

어제 급박하게 뵈었던 것은 지금까지도 몹시 아쉽습니다. 어제 형이 "서경署經을 하지 않으려 하는 것은 서경을 면제하려고 하는 것과 도리어 같다."라고 하셨는데, 이는 전혀 그렇지 않습니다. 제가 이미 서관庶官[05]이 아닌데도 이렇게 일을 어그러지게 하는 것은 다만 힘써 직책을 사양하려는 것입니다. 지금 서경을 살펴 주기를 청하는 것은 직임을 요구하는 것과 같은데, 하물며 상례를 따라 서경을 받기 전에 출사하는 데 있어서이겠습니까. 이 의리는 매우 분명하여서 누가 권유하여 독려하지 않고서는 결코 서경을 자청하기는 어렵습니다.

다만 형이 말한 바 "모가 서경을 하지 않아 지금 특별히 서경하도록 시킨다."는 내용으로 초기草記[06]를 작성하는 것을 어렵게 여기는 것은, 본관本館의 사체事體에 있어서도 이치가 있습니다. 만약 "모가 어제 초패招牌[07]를 받은 이후로, 이미 상례에 어긋나게 시기를 넘겼고 처음 직책을 받은 사람과는 달라 지금 비로소 서경을 받는 것이 끝내 편하지 않으며, 게다가 감히 상례대로 서경 전에 출사할 수 없다."는 내용으로, 사직소를 올리고 나간 사람이 초패를 어기는 지경에 이르렀으니, 한결같이 억지로 몰아부치며 공무를 처리하는 데 어려움이 있습니다. 본관의 관료가 구차히 간단하게 하는 것이 근래보다 심한 적이 없습니다. "모를 시켜 오늘이나 내일 안에 빨리 서경하도록 한다."는 내용으로 초기를 만들면 사체에 무방할 것이며 저의 출처에 있어서

---

05 서관(庶官) : 6품 이하의 하급 관리를 말한다.

06 초기(草記) : 조선시대 각 관서에서 국왕에게 올리는 서식으로, 정무상 중대하지 않은 사항의 내용만을 올린다.

07 초패(招牌) : 임금의 명으로 승지가 신하를 부르는 것을 말한다.

도 공문을 보내 절목을 만들도록 하시는 것이 어떻겠습니까?

저의 생각은 본래 이 일로 인하여 벼슬에서 물러나려 했는데, 나갈 희망은 없고 그만두는 것이 쉽지 않습니다. 초패가 자주 내려오고 점점 궁박한 지경이 되어, 남에게 제가 갈 길을 열어 달라 간청하지 않을 수 없게 되었으니, 또한 본심을 잃은 사람이라 하겠습니다. 웃을 만합니다. 그러나 이와 같이 하지 않으면 끝내 돌아가 쉴 날이 없을 것이니, 형은 깊이 생각하시어 선처하여 주시면 아주 다행이겠습니다. 그렇게 하지 않고 만약 사직한 일로 파면이라도 된다면 기러기가 아득한 하늘로 날라가 버리듯 떠나 버릴 것이니, 이것으로 다시 많은 말을 하지 않습니다. 그러나 아직은 기필할 수 없어서 감히 이렇게 말씀드리며 서식을 펴지 못합니다.

편지 받은 날
보輔 올림

해설

　박태보朴泰輔(1654~1689)가 서경署經과 관련한 자신의 처지를 해명하며 선처를 부탁하기 위해 현직의 관원에게 보낸 편지이다. 서경은 당하관堂下官을 임명할 때에 대간臺諫이 서명署名하여 동의를 표하는 제도이다.

　박태보의 자는 사원士元, 호는 정재定齋, 본관은 반남潘南이다. 아버지는 박세당朴世堂이고, 당숙인 박세후朴世垕에게 입후되었다. 1677년 문과에 장원으로 급제하였다. 1689년 기사환국 때 인현왕후仁顯王后의 폐위를 반대하였다가 심한 고문을 받고 진도로 유배 가던 도중 옥독獄毒으로 노량진에서 사망하였다. 죽은 뒤 숙종은 이를 곧 후회하였다. 사후 영의정에 추증되고 풍계사豊溪祠에 제향 되었다. 시호는 문열文烈이며, 저서로는 『정재집』이 있다.

21. 오두인의 편지

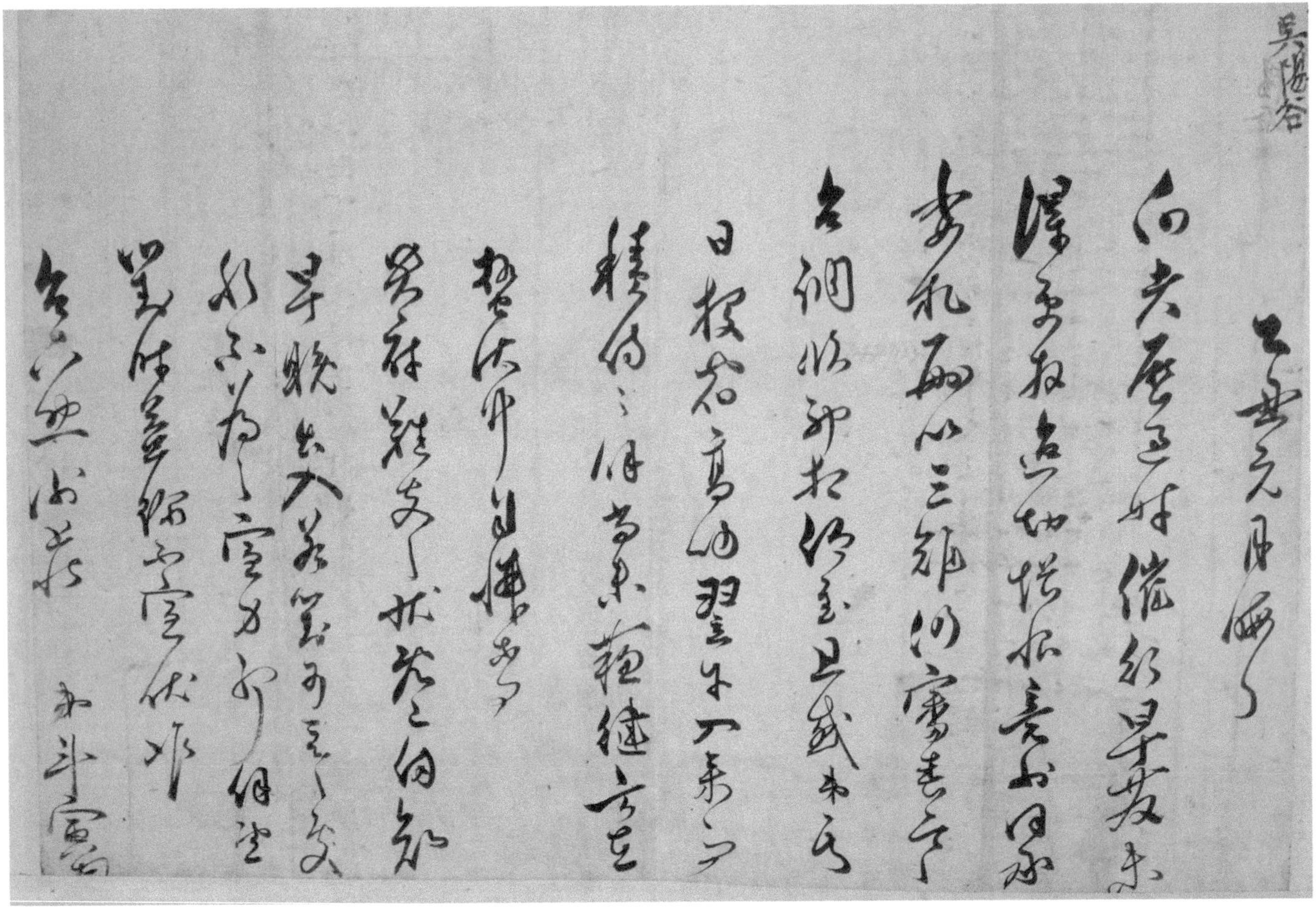
吳陽谷

向者歷過時, 催行早發, 未得更拜, 追切悵恨. 意外謹承委札, 副以三雉, 仍審春寒, 台調候神相, 仰慰且感. 弟其日投宿高陽, 翌午入來, 而積傷之餘,

尙未蘇健, 方在蟄伏中, 自憐奈何. 貴府難支之狀, 旣已備知. 早晚出入若對, 可言之處, 敢不爲之宣力耶. 餘望對時益珍. 不宣. 伏惟台下照. 謝上狀.

乙丑元月晦日, 弟斗寅頓.

　지난번 경내를 지날 때 행차를 재촉하여 일찍 출발하였으나, 다시 뵙지를 못해 지금까지 섭섭하여 한스럽습니다. 그런데 뜻밖에 편지와 꿩 세 마리를 함께 받고서 봄추위에 대감의 병조리가 좋으시다는 것을 알고 위안되고 감격스러웠습니다. 저는 그 날 고양에 투숙하고 다음 날 낮에 서울로 들어왔습니다. 그러나 피로가 쌓인 끝에 아직 건강을 회복하지 못하고, 지금은 가만히 엎드려 지내니 스스로 가련해한들 어찌하겠습니까.

　귀 관부官府가 지공支供[08]하기 어려운 형편은 이미 잘 알고 있습니다. 조만간 출입을 할 때 만나게 되면 논의하여 할 수 있는 일에는 어찌 감히 힘을 쓰지 않겠습니까. 계절에 따라 더욱 진중하시기를 바랍니다. 예를 갖추지 못합니다. 삼가 대감께서는 살펴보십시오. 답장 편지를 올립니다.

　을축년(1685) 1월 그믐에
　두인 올림

---

08 지공(支供) : 물품이나 음식 등을 접대하거나 대어 주는 것인데, 이 당시 청나라 사신 행차가 있었다.

해설

　오두인吳斗寅(1624~1689)이 1685년 청나라 사신의 반송사伴送使가 되어 의주에 다녀오면서 지방의 장관에게 부친 답장의 편지이다. 하지만 수신자는 정확히 알 수 없다. 다만 경기 이북의 지방 장관인 감사나 부사라 추측된다. 『승정원일기』에 따르면 오두인은 1684년 12월 18일에 반송사로 서울을 떠났다. 이 전인 12월 12일에는 원접사遠接使의 신분으로 나갔다가 돌아왔다. 같은 해 12월 호군護軍에 임명되었다. 사신 행차에는 서울뿐만 아니라 사신이 행차하는 지역에서 사신을 접대해야 했고 물품을 지급해야 했다. 오두인은 이 지공의 어려움을 지방관과 같이 힘을 합쳐 같이 해결하자고 하였다.

　오두인은 자가 원징元徵, 호는 양곡陽谷, 본관은 해주이다. 그는 이 『필적유휘』에서 절개를 지킨 신하의 분류에 포함된다. 이는 1689년 기사환국에 연원을 둔다. 당시 그는 서인이였고 형조 판서로 재직 중이었다. 기사환국이 일어나자 그는 면직되었고, 다시 사직司直을 지냈다. 이해 4월 숙종이 인현왕후를 폐하려 하자 그는 서인들과 함께 대궐에 나가 그 부당함을 간언하였다. 그리고 곧 친국을 받고, 5월 의주로 귀양을 가다 파주에 사망했다. 그해 곧장 관작은 회복되었다. 그러다가 숙종 재위 당시인 1694년 인현왕후가 복위되자, 그는 영의정으로 추증되고 절개를 지킨 충신으로 추앙받았다.

03-3 절節

ㆍ훈신勳臣

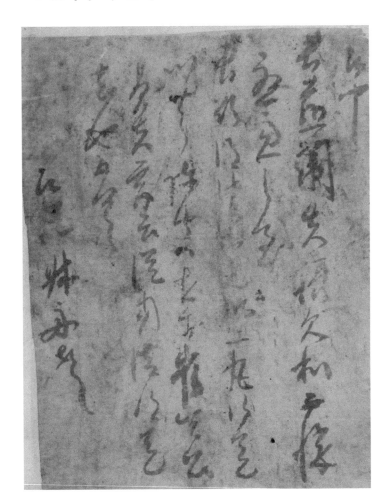

卽聞, 君慈闈失攝欠和, 不勝憂慮之至. 君欲得 □ □ □ 云, 以二丸行送. 鄕聞之, 陳皮在於崔令公貞夫家云, 從當請得送去也. 不具.

卽, □叔舟頓.

그대의 어머니께서 몸조리를 잘 하지 못하여 건강을 잃었다고 들으니, 걱정스런 마음을 감당하지 못하겠습니다. 군께서 -원문 빠짐-을 얻고자 하신다고 하였는데, 환약 두 알을 보내드립니다. 지난번에 들으니 진피陳皮가 최정부崔貞夫[01] 영공의 집에 있다고 하니 조만간 반드시 부탁하여 보내도록 하겠습니다. 갖추지 못합니다.

편지 받은 날
숙주叔舟 올림

해설

신숙주申叔舟(1417~1475)가 지인의 어머니에게 필요한 약을 보내고 또 귤껍질을 구해 보내겠다는 내용의 편지이다. 수신자는 알 수 없으며, 또한 편지를 쓴 날짜도 확인할 수 없다. 편지의 글자 역시 너무 흐려 몇 글자는 판독이 되지 않는다. 하지만 빠진 글자 역시 약에 관한 것임을 추정할 수 있다.

『필적유휘』의 편찬자는 신숙주를 '훈신勳臣'으로 분류하고 그의 작품을 실었다. 신숙주는 수양대군이 세조로 등극하게 된 사건인 계유정난의 공신이다. 그러나 실제로 계유정난이 일어났을 때 그는 외직에 있어 직접 계유정난에는 참여할 수 없었으나, 정난공신 2등에 올랐으며, 수양대군이 즉위한 이후 고령군高靈君에 봉해졌다.

---

01 최정부(崔貞夫): 정부는 최항(崔恒)의 자이다. 정보(貞父)라 쓰기도 한다. 호는 태허정(太虛亭), 본관은 삭녕(朔寧)이다. 신숙주와 마찬가지로 계유정난의 공신이다.

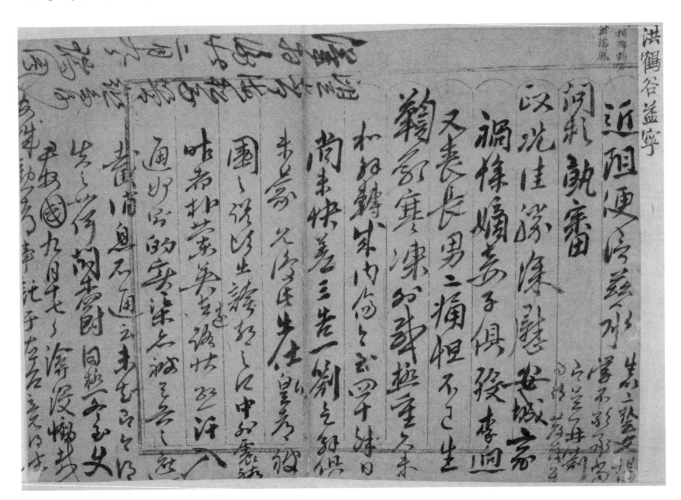

近阻便信, 玆承問札, 就審政況佳勝, 深慰. 安城家禍慘, 嫡妾子俱歿, 李逈又喪長男, 痛悋不已. 生鞫廳寒凍, 外感極重, 久未和解, 轉成內傷, 今至四十餘日, 尙未快差. 三告一箚乞解, 俱未蒙允, 沒此出仕. 皇都被圍之說, 頃出謗聲之口, 中外震駭. 昨者, 朴蘭英在遠路狀啓, 許入通州, 則之實, 渠亦被天兵之遮截, 消息不通云. 未知卽今得失之如何, 悶鬱罔極. 冬至使尹安國, 九月十七日潰沒, 慟哉. 安城勳都事, 託于左台, 竟得未望, 奈何? 海松子營紙, 多謝. 謹拜謝狀.

二月九日, 瑞鳳.

生以藝文提學不敢承當. 卽呈再箚, 方待慶落耳.

　　근래 인편이 막혔다가 지금 편지를 받고서 정무를 보며 계시는 생활이 평안함을 알고 매우 위로가 되었습니다. 안성가安城家의 재앙이 참혹하니 적처와 첩의 자식이 모두 죽었고 이형李逈[02]이 또한 장남長男을 잃었으니 애통하기 그지없습니다.

　　저는 어느 추위 속에 국청鞫廳에 나갔다가 감기가 들어 극도로 심하며 오래도록 낫지 않고 있으면서 점차 속을 상하고 있는데 지금 40여 일째 아직 완전히 낫지 않고 있습니다. 세 차례 고하고 한 차례 차자를 올려 해직을 빌었으나 모두 윤허를 입지 못하고 그냥 이렇게 출사를 하고 있습니다.

　　황도皇都가 포위되었다[03]는 말이 문득 떠드는 말에서 나왔으니 중외中外가 모두 놀라고 있습니다. 지난번에 박난영朴蘭英[04]이 멀리서 올린 장계狀啓를 보건대 통주通州[05]까지 진입한 것은 확실한 일이며, 저 사람 또한 천병天兵에게 차단을 당해 소식이 불

02　이형(李逈, 1603~1655) : 자는 여근(汝近), 본관은 전주, 서울에 거주하였다. 1650년에 문과에 급제하여 세자시강원 필선, 장령 등을 지냈다. 인조반정 때 1등에 녹훈되었다.

03　황도(皇都)가 포위되었다 : 명 수도가 1629년에 청나라 침입을 받은 사실을 말한다.

04　박난영(朴蘭英, ?~1636) : 선조 때 면천 군수(沔川郡守)를 지냈다. 1619년에 후금(後金) 정벌에 나갔다가 포로가 되었다가 1627년에 정묘호란 때 후금군의 길잡이로 들어와 석방된 뒤, 회답관(回答官)·선위사(宣慰使) 등을 지내며 후금을 회유하는 데 힘썼다. 병자호란이 일어나자 사신으로 파견되었다가 잡혀 청군 진영에 머무르게 되었는데, 이때 청나라의 요구로 조정에서 능봉군(綾峰君)과 심집(沈諿)을 왕자와 대신으로 가장하여 대신 보내었다. 박난영이 이를 그렇다고 증언하였다가 정체가 탄로 나자 청나라에 의해 살해되었다. 영의정에 추증되었다. 시호는 충숙(忠肅)이다.

05　통주(通州) : 중국 북경(北京)의 동쪽에 있으며 수운을 통하여 북경으로 들어가는 길목이다.

통이라고 합니다. 지금의 득실이 어떠한지 모르니 답답하기 한이 없습니다. 동지사冬至使 윤안국尹安國[06]이 9월 17일에 물에 빠져 죽었으니 애통합니다.

안성安城 훈도사勳都事가 좌의정 대감에게 부탁하여 결국 말망末望[07]을 얻었으니 어찌하겠습니까? 잣과 감영에서 만든 종이는 매우 감사합니다. 삼가 절하고 답장을 올립니다.

2월 9일
서봉瑞鳳

생生은 예문관 제학을 감히 받을 수 없습니다. 곧바로 재차再箚[08]를 올리고 지금 기쁜 소식이 내리기를 기다리고 있을 뿐입니다.

---

06 윤안국(尹安國, 1569~1630) : 자는 정경(定卿), 호는 설초(雪樵), 본관은 양주이다. 1591년에 문과에 급제하여 1598년에 박사가 되고, 강원도 관찰사를 지냈다. 1629년에 동지사(冬至使)로 명나라에 갔다가 귀국 도중 배가 뒤집혀 익사하였다.

07 말망(末望) : 마지막으로 추천된 사람을 말한다.

08 재차(再箚) : 두 번째로 올리는 사직 차자를 말한다.

해설

　홍서봉洪瑞鳳(1572~1645)이 1630년 2월 9일에 받은 선물에 대해 감사의 마음을 전하기 위해 어느 관료에게 보낸 편지이다. 명나라의 소식을 전하고 자신에게 임명된 직책에 대한 자신의 입장을 아울러 전하였다. 편지에 쓴 날짜가 없지만 그가 예조 판서로 있으면서 1630년 2월 6일에 예문관 제학에 임명된 사실(『승정원일기』)과 편지 내용 중의 윤안국의 사망 사실로 작성 연도를 알 수 있다.

　홍서봉의 자는 휘세輝世, 호는 학곡鶴谷, 본관은 남양이다. 1594년에 문과 급제하여, 1623년에 인조반정을 주동하여 정사공신靖社功臣 3등에 책록되고, 익녕군益寧君에 봉해졌다. 1628년에 유효립柳孝立의 모반을 고변하여 영사공신寧社功臣 2등에 책록되고 지의금부사가 되었다. 1636년에 좌의정에 올랐고, 병자호란이 일어나자 화의和議를 주장하며 청나라와의 화의를 위한 실무를 수행하였다. 1639년에 부원군府院君에 봉해지고, 1640년에 영의정에 올랐다. 1645년까지 영의정과 좌의정을 번갈아 역임하였다. 시호는 문정文靖이다.

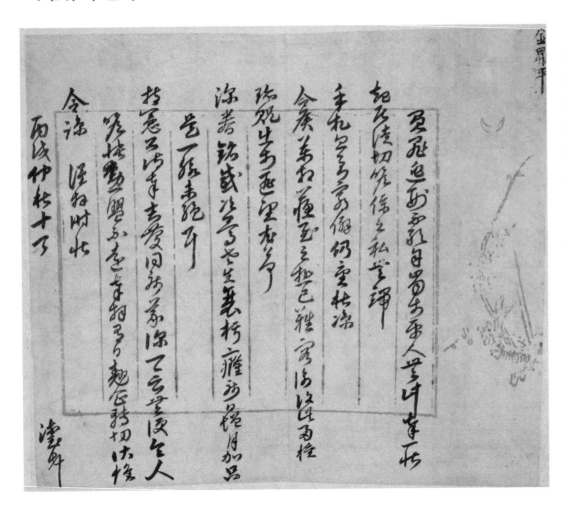

負罪逃刑, 不敢自齒於平人,
無計奉一狀起居, 徒切瞻依之
私, 無端手札, 忽到窮僻, 仍審
秋凉, 令候萬相, 蘇慰之極, 已
難容諭. 復此兩種珍貺, 出於匪
望, 尤荷深眷, 銘感. 冷骨老生,
衰朽癃病, 日增月加, 只是一脈
未絶耳. 持憲公侍奉吉慶, 同病
義深, 口云無便, 令人瞻悵. 勳
盟不遠, 奉拜有日, 翹企轉切.
伏惟令諒. 謹拜謝狀.

丙戌仲秋十一日, 塗頓.

290

죄를 짓고 형벌을 피해 있으니 감히 스스로 평인 축에도 들 수 없어 안부를 묻는 편지조차 올릴 수 없이 간절히 우러르기만 하던 차에, 생각 밖의 손수 쓰신 편지가 여기 궁벽한 곳에 문득 와, 서늘한 중추의 날씨에 영감의 건강이 좋으시다는 것을 알아 시원하게 위로되는 마음 형용하기 어렵습니다. 또 이 두 가지 진귀한 선물을 기대 밖에 보내 주시니 깊은 돌보심에 더욱 감사하며 뼈에 사무칩니다.

식어 가는 늙은이는 노쇠함과 수척함이 날로 더하고 달로 더하니, 다만 한 가닥 목숨이 아직 끊어지지 않고 있을 따름입니다. 지헌공持憲公께서 평안히 잘 계신 것은 동병상련의 뜻이 깊은데, 입으로만 말하고 전할 인편이 없으니 사람으로 하여금 서글프게 합니다. 훈맹勳盟이 멀지 않으니 머지않아 만날 날을 간절히 기다립니다. 삼가 영감께서는 헤아려 주시기 바라며 답장을 올립니다.

병술년(1646) 8월 11일
류준溶 올림

해설

김류金溶(1571~1648)가 상대방의 선물에 대한 감사의 마음을 전하기 위해 보낸 편지이다. 1645년, 인조가 소현세자빈인 강빈에게 사사賜死를 명하였는데, 김류는 강빈의 사사에 반대했다. 이 편지는 이 사건 직후 죄를 받았지만 형벌은 면한 상황에서 보낸 편지이다.

김류의 자는 관옥冠玉, 호는 북저北渚, 본관은 순천이다. 1596년에 문과에 급제하고, 1616년에 동지사로 명나라에 다녀왔다. 1623년에 이이첨李爾瞻 등 대북 정권을 타도하고자 이귀李貴·최명길崔鳴吉·이괄李适 등과 함께 창의문 밖에서 군사를 일으켜 인조반정을 주도하였다. 이 공으로 정사공신靖社功臣 1등, 승평부원군昇平府院君에 봉해지고, 병조 판서 겸 대제학이 되었다. 1644년 심기원沈器遠의 반란을 평정한 공으로 다시 영의정에 올라 영국공신寧國功臣 1등에 봉해졌고, 순천부원군順天府院君이 되었다. 저서로 문집이 있다.

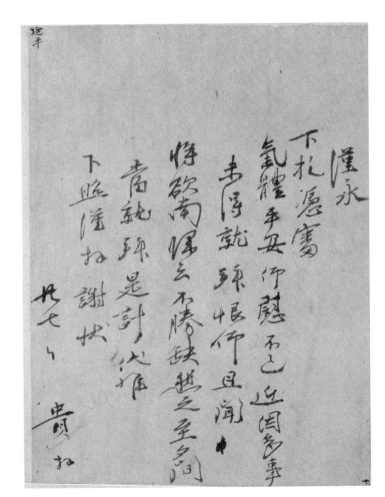

謹承下札, 憑審氣體平安, 仰慰不已. 近因多事, 未得就拜, 恨仰. 且聞將欲南歸云, 不勝缺然之至. 夕間當就拜是計. 伏惟下照. 謹拜謝狀.

廿七日. 貴拜.

편지를 삼가 받고 평안하신 줄 알았으니 우러러 위로되기 그지없습니다. 근래 여러 가지 일로 나아가 뵙지 못해 한스럽습니다. 또 들으니 장차 남쪽으로 돌아가신다고 하니 아쉬운 마음 가눌 수 없습니다. 저녁에 나아가 뵐 생각입니다. 삼가 살펴 주십시오. 삼가 절하고 답장을 올립니다.

27일에
귀貴 올림

해설

이귀李貴(1557~1633)가 보내는 편지이다. 상대방이 남쪽 고향으로 돌아간다는 소식을 듣고 곧장 찾아볼 계획을 전했다.

이귀의 자는 옥여玉汝, 호는 묵재默齋, 본관은 연안이다. 이기李夔의 손자로 이이李珥와 성혼成渾에게 배워 1582년에 생원이 되었다. 1592년 강릉 참봉康陵參奉으로 있던 중 어가御駕가 서행西幸한다는 소식을 듣고 평양으로 가서 방어 대책을 논했다. 삼도 소모관三道召募官이 되어 군사를 모집하고 민심을 수습하였다. 삼도 선유관三道宣諭官이 되어 명나라 군중으로의 군량 수송을 담당하였고 체찰사 류성룡柳成龍을 도와 서울 수복전을 도왔다. 1603년에 문과에 급제하여 1622년에 평산 부사가 되었다가 이듬해 3월 광해군을 폐하고 정사공신靖社功臣 1등에 책록되었고 연평부원군延平府院君에 봉해졌다. 1626년에 이조 판서를 지냈다. 정묘호란 때에 강화도에 호종해 최명길과 함께 화의를 주장했다. 영의정에 추증되었으며, 시호는 충정忠定이다. 저서로는『묵재일기』가 있다.

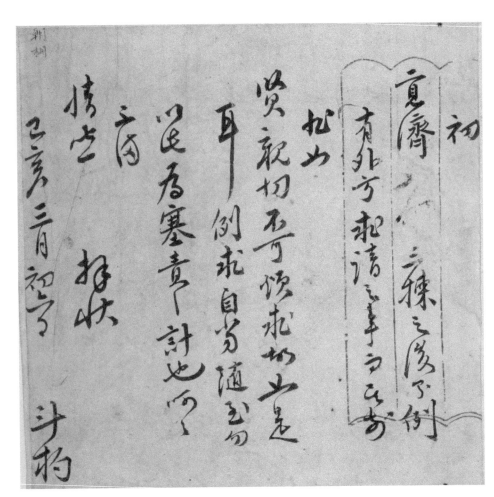

初濟二見濟口口, 三揀之後, 則例有外方求請之事, 而其前非如賢親切, 不可煩求, 故如是耳. 例求自當隨至, 勿以此爲塞責之計也. 呵呵. 不備, 情照. 拜狀.

己亥三月初六日, 斗杓.

처음에는 두 번 이루어졌고 ―원문 빠짐― 세 번째 간택 이후에는 의례상 바깥으로 구하는 일이 있는데, 그 전에 그대와 같이 절친한 이가 아니면 번거롭게 구할 수 없었으므로 이와 같이 할 따름입니다. 의례상 요구하는 것은 당연히 따라야 할 일이나, 이것으로 책임을 면하려고 하지는 마십시오. 껄껄 웃습니다. 갖추지 못하니, 정으로 살펴봐 주십시오. 편지를 올립니다.

기해년(1659) 3월 6일
두표가

해설

원두표元斗杓(1593~1664)가 친한 지인에게 보낸 농담이 섞인 편지이다. 편지가 짧고 내용이 소략하여 정확한 내용은 파악할 수 없으나, 편지의 대략은 다음과 같다. 1659년 3월에는 원두표의 손자 원몽린元夢麟이 효종의 딸인 숙경공주淑敬公主와 세 번째 간택이 확정되었다. 왕의 사위인 부마 역시 삼간택을 실시한다. 그리고 그해 윤3월에 혼인 날짜를 잡았다. 초간택과 재간택이 이루어진 것은 1658년이다. 이 때문에 삼간택이 이루어진 이후 서울 이외의 지역이나 관아에서 돈이나 물건을 올리는데, 이를 '구청지사求請之事'라 한다. 이것이 관례였는데, 원두표는 지인에게 농담조로 관례만 따를 것이 아니라 더 내라고 하였다.

원두표는 자가 자건子建, 호는 탄수灘叟, 본관은 원주이다. 1623년 인조반정에 협력하여 거사를 이루었고, 이 공으로 정사공신 2등에 책록되었으며 원평부원군原平府院君에 봉해졌다. 또한 이괄의 난에 공을 세웠고, 병자호란에도 남한산성을 지켰다. 1659년에는 좌의정으로 약방 제조를 겸하면서 인조의 병을 돌보았다.

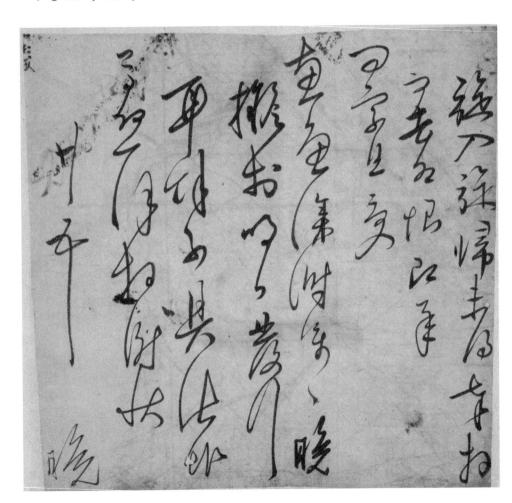

旋入旋歸, 未得奉拜而去, 爲恨, 卽承問字, 且受惠魚, 深謝萬萬. 晚擬於明日發行耳. 餘不具. 伏惟尊照. 謹拜謝狀.

卄五日, 晚.

잠깐 들어갔다가 곧바로 되돌아와서 뵙지 못하고 떠난 것이 한스럽더니 지금 편지를 받고 또 어물을 받았으니 매우 감사드립니다. 저는 내일 늦게 출발하려고 합니다. 나머지는 서식을 갖추지 않습니다. 삼가 살펴 주십시오. 삼가 절하고 답장을 올립니다.

25일에
만晚이

해설

장만張晚(1566~1629)이 받은 물건에 대한 감사의 마음을 전하고 자신의 일정을 알리기 위해 보낸 편지이다.

장만의 자는 호고好古, 호는 낙서洛西, 본관은 인동仁同이다. 1591년에 문과에 급제하여 1610년에 동지중추부사로 오랑캐 지역의 산천 지도를 그려 바쳤다. 1611년에 평안도 병마절도사로 군제軍制를 개혁하고, 여진 사람들을 철수하게 하였다. 인조반정 이후 도원수에 임명되어 원수부를 평양에 두고 후금의 침입에 대비하였다. 1624년에 이괄의 난이 일어나자 이를 진압하여 진무공신振武功臣 1등에 책록되었고 옥성부원군玉城府院君에 봉해졌다. 시호는 충정忠定이다. 저서로는 『낙서집』이 있다.

졀節

· 척신戚臣

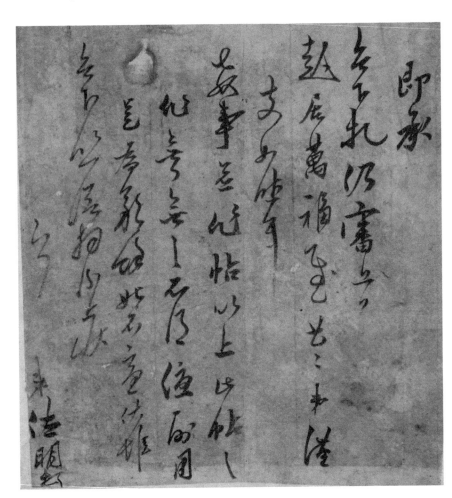

即承台下札, 仍審近日, 起居萬福, 慰甚慰甚. 弟僅支如昨耳. 教事, 竝作帖以上, 此帖之作, 無日無之, 不得優副, 用是爲歉. 餘姑不宣. 伏惟台下

照. 謹拜謝上狀.

即日, 弟佐明頓.

대감께서 보내신 편지를 받고 근자에 기거하심에 온갖 복이 있는 줄 알게 되니, 매우 위로됩니다. 저는 근근이 예전처럼 지내고 있을 따름입니다. 말씀하신 일은 모두 첩으로 만들어 올렸습니다만, 이 첩을 만드는 일을 하루도 하지 않은 날이 없었으나 넉넉히 부응하지 못하였으니 한탄스럽습니다. 나머지는 이만 줄입니다. 대감께서 삼가 살펴 주십시오. 답장 편지를 올립니다.

편지 받은 날

좌명佐明 올림

해설

김좌명金佐明(1616~1671)이 조정의 고위 관원에게 첩을 만들어 달라는 부탁을 받고, 넉넉히 만들어 주지 못하여 미안한 심정을 전하기 위해 보낸 답장 편지이다.

김좌명의 자는 일정一正이고, 호는 귀계歸溪 또는 귀천歸川이며, 본관은 청풍이다. 그의 아버지가 영의정을 지낸 김육金堉이다. 그는 22세 때인 1644년 문과에 합격하여 여러 벼슬을 지냈고, 관직은 병조 판서에까지 이르렀다. 특히 그의 조카딸이 현종의 비인 명성왕후 明聖王后였다. 사후 영의정에 추증되고, 청릉부원군淸陵府院君에 추봉되었다. 시호는 충숙忠肅이며, 저서로는 『귀계유고』가 있다.

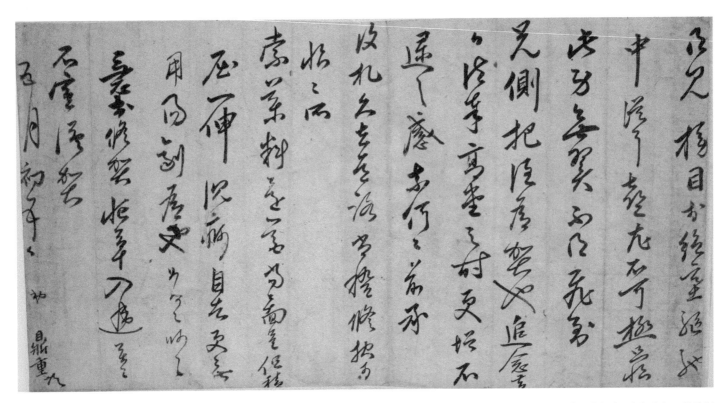

得見榜目於絶塞驅馳中, 聳喜尤不可極. 只恨此身無翼, 不得飛到兄側, 把酒爲賀也. 追念昔日, 侍奉高堂之時, 更增不逮之感, 奈何奈何. 前承復札, 久在道路, 尙稽修報, 可恨可恨. 所索藥料, 還營當圖呈. 但積屈一伸, 沈痾自去, 更無用湯劑爲也, 如何如何. 呵呵. 急於修賀, 忙草入遞. 萬萬不宣. 謹賀.

五月初五日, 弟鼎重頓.

멀리 떨어진 변방을 달리는 중에 방목榜目을 보고, 용솟음치는 기쁨 끝이 없습니다. 다만 이 몸에 날개가 없어 형의 곁으로 날아가 술을 잡고 축하할 수 없는 것이 한스럽습니다. 옛날에 형이 어버이를 모실 때를 돌이켜 생각해 보니 다시 미치지 못하는 슬픈 감회가 다시 더하니 어찌하고 어찌하겠습니까.

　　전에 받았던 답장 편지는 제가 오래 길 위에 있느라 여태 답을 하지 못하고 있었으니, 참으로 한스럽습니다. 찾고 계신 약재는 감영으로 돌아가면 응당 도모하여 올릴 것입니다. 그러나 오래 굽혔다가 이렇게 한번 펼치심에 묵은 병은 절로 사라질 것이어서 더이상 탕제가 필요 없을 것 같은데, 어떻습니까. 그저 웃습니다. 축하의 편지를 급하게 써서 인편에 부칩니다. 할 말은 많으나 더 적지 못합니다. 삼가 축하드립니다.

5월 5일
정중鼎重 올림

해설

　　민정중閔鼎重(1628~1692)이 상대의 과거 합격 소식을 듣고 축하하기 위해 쓴 편지이다. 내용 중에 변방을 달린다는 것과 감영으로 돌아간다는 말이 있어 함경 감사를 지냈던 1664년 무렵에 쓴 것으로 추정된다.

　　민정중의 자는 대수大受이고, 호는 노봉老峯이며, 본관은 여흥이다. 1649년에 문과에 급제하고 성균관·사간원·홍문관의 관직을 두루 거쳤다. 1675년에 숙종이 남인을 중용하자 이조 판서로 있던 중 장흥長興으로 유배되었다. 1680년에 경신대출척으로 서인이 정권을 잡게 되자 좌의정을 지냈다. 1689년 기사환국이 일어나자 벽동에 유배된 뒤 그곳에서 죽었다. 저서로 문집과 『노봉연중설화老峯筵中說話』·『임진유문壬辰遺聞』 등이 있고, 글씨도 뛰어나 『우상이완비右相李浣碑』·『개심사대웅전편액開心寺大雄殿扁額』 등을 남겼다. 시호는 문충이다.

辱書二兩幅郡拜感玄不

笑此病而

詢宋史榮雜廛宦燵之答

玉堂不啻爲緹四而淂去知

今何以李榮於此陛兄言之

仁宗藏疾之理上周象王靖

忘射子扞似給矜鵩之言う考

見如中帳二戰化言う撥授忘

至村公事揚又字如光言至中

宇二位以下去妻將立宋朝非

挹登抽沒二輅鼷お中間二不

直輅お啓上如又捗恐弎如光

辱覆縷縷, 盈幅承拜, 感慰不知爲喩. 所詢宋史疑難處, 從姪之曾忝玉堂, 亦嘗尋繹而不得者也. 今何以奉答. 然以臆見言之, 仁宗感疾之理, 與周景王鑄無射事相似. 泠州鳩之言, 可考見也. 中粮之義, 尤無可據, 想是其時公事場文字也. 曾意其中字之所以下者, 秦州在宋朝, 非極還, 故謂其輪粟於中間, 而不直輪於還上也. 文勢恐或如是, 而何可必也. 幸更問于博識者, 如何. 餘不備式.

即, 從姪萬基頓首.

답하신 편지가 아주 자세하여 편지 가득 직접 뵙는 듯하였으니, 감동하고 위로됨을 무슨 말로 해야 할지 모르겠습니다. 제게 물으신『송사宋史』의 의문처에 대해 제가 일찍이 옥당(홍문관)에 참여하여 토론을 해 보아도 풀리지 않은 것이니, 지금 어찌 답을 올리겠습니까.

그러나 제 억견으로 말해 보자면, 인종仁宗이 병에 걸린 이치와 주周나라 경왕景王이 무역無射이라는 종을 주조한 일은 서로 비슷하여, 영주구泠州鳩의 말로 살펴볼 수 있습니다. 그러나 '중량中粮'이라는 것의 뜻은 더욱 근거할 만한 것이 없고, 공사公事를 보는 과정에서 나온 글입니다. 일찍이 그 '중中'이라는 글자가 의미하는 것이 비천한 까닭은 진주秦州는 송나라 조정에 있었으니, 급하게 돌아올 것이 아니므로 군량 수송을 중간까지 한 것을 일컬은 것이지 곧장 위로 올려 수송하였다는 것이 아닙니다.

문세文勢가 아마도 이렇다는 것이지 어찌 반드시 그렇다는 것이겠습니까. 다시 박식한 사람에게 물으시는 것이 어떠합니까. 나머지는 갖추지 못합니다.

편지를 받은 날
종질 만기萬基 올림

해설

김만기金萬基(1633~1687)가 친척 숙부에게 보낸 편지이다. 이 편지는 학술 토론에 관한 것이나, 편지에 적힌 내용이 간략하여 대략 추정만 할 수 있다. 『송사』에 백성을 위하는 어진 임금인 인종이 병에 걸리자 신하들이 단술을 빚어 궁에 거처하며 건강 회복을 기원했다고 하고, 또 주나라 경왕이 무역이라는 종을 주조하려 하자 영주구가 백성을 힘들게 하므로 그만둘 것을 간하였다. 또한 '중량中粮'은 나라에 필요한 곡식을 모으라는 공문서의 초안을 만들어 배포한 일을 가리킨다. 이러한 문장의 정확한 내용과 의미를 김만기에게 알려 달라고 한 것 같은데, 김만기의 답변이 위와 같았다.

김만기는 자가 영숙永淑, 호는 서석瑞石, 본관은 광산이다. 그는 척신으로 분류되어 있다. 그는 1653년 문과에 급제하였다. 1671년 그의 딸이 세자빈이 되었으며, 1674년 숙종이 등극하자 그의 딸은 인경왕후仁敬王后가 되어 임금의 장인이 되었다. 그는 국구國舅로서 영돈녕부사로 승진하고, 광성부원군光城府院君에 봉해졌다.

31. 김주신의 편지

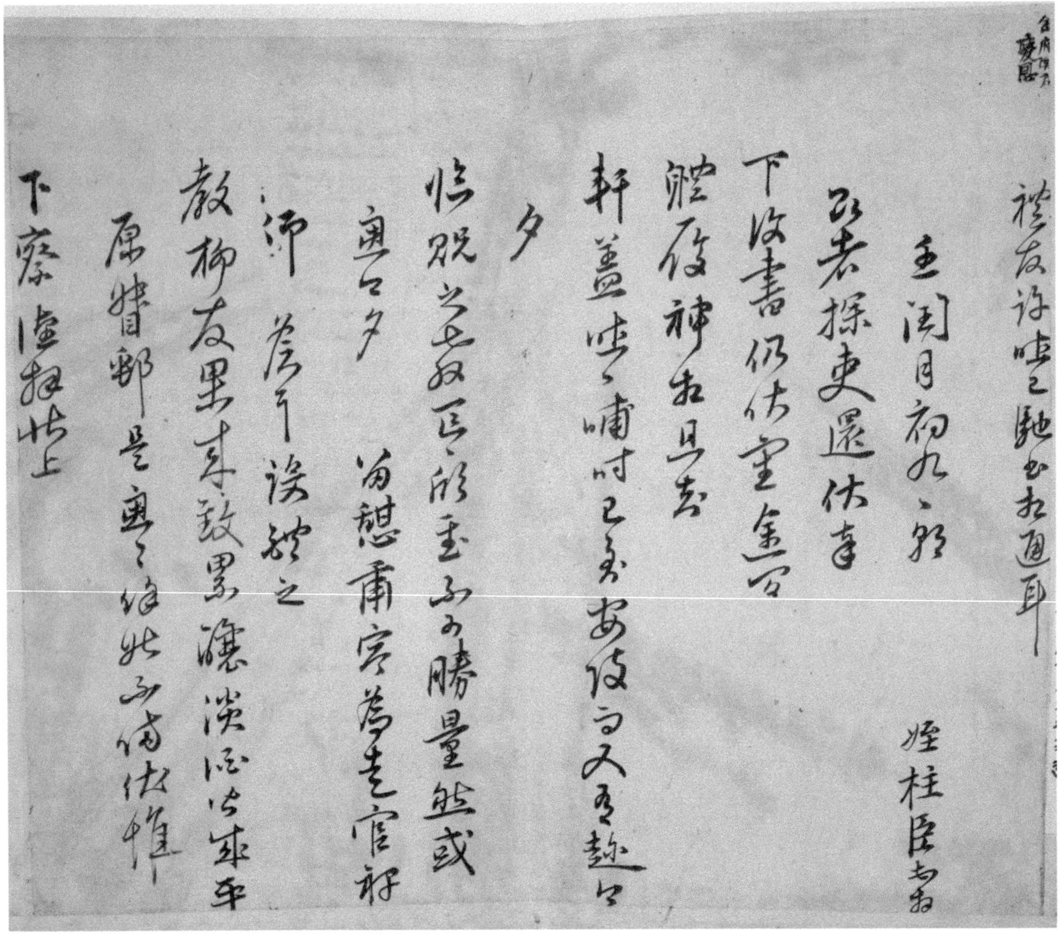

卽者, 探吏還, 伏奉下復書. 仍伏審途間體履神相, 且知軒蓋, 昨日晡時, 已到安陵, 而又有趁今夕臨跳之敎, 區區欣慰, 不可勝量. 然或慮今夕留憩肅寒, 爲走官神仰候耳. 設醴之敎, 柳友果來致累釀淡酒, 皆成平原督郵, 是慮是慮. 餘姑不備. 伏惟下察. 謹拜狀上.

壬閏月初九日朝, 姪柱臣頓拜.

禮友許, 昨已馳書相通耳.

지금 탐문하러 간 아전이 돌아와 삼가 내려 주신 답서를 받았습니다. 이어 행차 중의 안부를 알았고 또 행차가 어제 포시晡時[01]에 안기安陵에 도착하였고 또 오늘 저녁에 오신다고 하셨으니 기쁘고 위로되는 구구한 마음 헤아릴 수 없습니다. 그러나 혹 오늘 저녁 매서운 추위 속에 머물러 계시는 것이 달려오신 분의 건강을 해칠까 근심이 됩니다.

예연醴宴[02]을 베풀라는 말씀을 하셔서 류 우柳友가 과연 와서 거듭 담근 담주淡酒를 올렸으나 모두 평원독우平原督郵[03]가 될까 이것이 몹시 염려됩니다. 나머지는 갖추지 않습니다. 삼가 살펴주십시오. 삼가 절하고 올립니다.

임년壬年(1702) 윤월(윤6월) 9일 아침
조카 주신柱臣 올림

예관禮官에게는 어제 이미 편지를 얼른 보내서 알렸습니다.

---

01 포시(晡時) : 오후 4시 경을 말한다.

02 예연(醴宴) : 김주신의 딸이 왕후(인원왕후)가 된 것을 축하하는 잔치를 말한 것으로 추측된다.

03 평원독우(平原督郵) : 맛이 없는 술을 빗댄 말이다. 진(晉) 나라 환온(桓溫)의 주부(主簿)가 술을 감별하여 좋은 술을 청주종사(靑州從事)라고 하고 나쁜 술을 평원독우(平原督郵)라고 하였다는 데서 유래한다. 청주에는 제군(齊郡)이 있고 평원(平原)에는 격현(鬲縣)이 있었는데 '제(齊)'는 '배꼽[臍]', '격(鬲)'은 '가슴[膈]'에 빗대고, 관직 이름인 '종사(從事)'는 '순조롭다'는 뜻으로, '독우(督郵)'는 '머물러 있다'는 뜻으로 빗댄 것이다.(『世說新語』「術解」)

해설

　김주신金柱臣(1661~1721)이 친인척 숙항의 어른에게 보낸 편지이다. 편지를 받은 데 대한 감사의 마음과 자신의 미안한 일 처리에 대해 죄송한 마음을 전하였다.

　김주신의 자는 하경廈卿, 호는 수곡壽谷·세심재洗心齋, 본관은 경주이다. 1686년에 생원이 되었고 1700년에 순안 현령順安縣令을 지냈다. 1701년에 숙종의 계비인 인현왕후 민씨가 죽자 그의 딸이 간택되어 이듬해 왕비로 책봉되었다. 이로써 영돈녕부사領敦寧府事로 경은부원군慶恩府院君에 봉해졌다. 시호는 효간孝簡이다. 저서로는 문집을 비롯하여『거가기문居家紀聞』·『수사차록隨事箚錄』·『산언散言』이 있다.

절節

· 무장武將

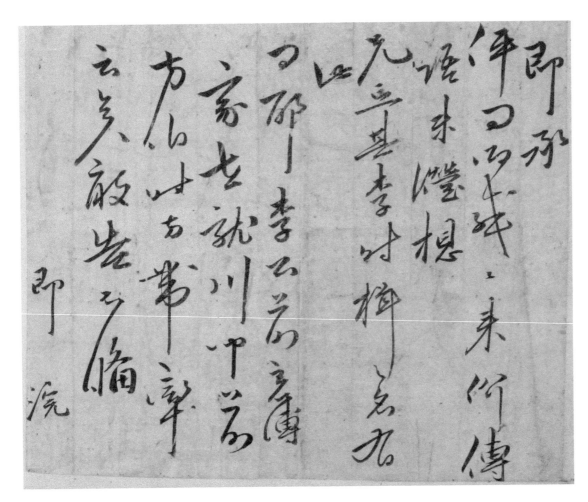

卽承伻問, 仰感仰感. 來价傳語未瑩, 想兄忘其李時楫之名, 有此問耶? 李公前主簿, 家在龍川, 聞前方伯, 時方帶率云矣. 敢告. 不備.

卽, 浣.

심부름꾼을 통해 안부 편지를 받았으니 우러러 감사하고도 감사합니다. 심부름하는 사람이 전하는 말이 분명하지가 않으니, 생각건대 형께서 이시즙李時楫이라는 이름을 잊어서 이렇게 묻는 것입니까? 전 주부前主簿 이 공李公은 집이 용천龍川이며, 전 방백方伯에게 들으니 지금 대솔帶率[01]이라 합니다. 감히 알립니다. 갖추지 못합니다.

편지를 받은 날
완浣

해설

이완李浣(1602~1674)이 상대방에게 자신이 추천한 사람의 신상을 다시 알리기 위해 보낸 편지로 추측된다.

이완의 자는 징지澄之, 호는 매죽헌梅竹軒, 본관은 경주이다. 1624년에 무과에 급제한 뒤 만포 첨사滿浦僉使가 되었다. 1636년에 병자호란이 일어나자 도원수 김자점金自點의 별장別將으로 출전해 정방산성正方山城을 지켰는데, 적을 동선령洞仙嶺으로 유인해 크게 무찔렀다. 1640년 황해 병사로 있을 때 청나라의 요청에 따라 주사대장舟師大將 임경업林慶業의 부장副將으로 명나라 공격에 나섰지만, 이 사실을 명장明將에게 알려 사상자가 나지 않도록 하였다. 효종의 북벌계획에 깊이 관여해 신무기 제조, 성곽 개수 및 신축 등 전쟁에 필요한 여러 대책을 강구하였다. 1674년 5월에 우의정에 제수되었으나 그해 6월 군역 변통에 대한 유소遺疏를 남기고 사망하였다. 시호는 정익貞翼이다.

---

01 대솔(帶率) : 평안도 지역의 대솔군관(帶率軍官)으로 추정된다.

33. 유혁연의 편지

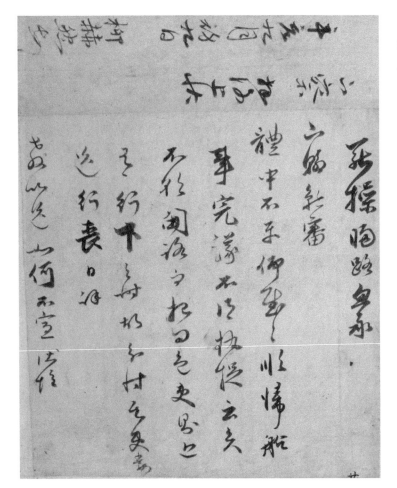

罷操歸路, 忽承下翰, 就審體中不平, 仰慰仰慰. 順歸船事完議,
不得執捉云矣. 不朝開路, 而招問色吏, 則近有行下之時, 故分付其
使, 數送行喪日. 餘教以送, 如何? 不宣. 伏惟下察. 拜謝上狀.

辛亥九月初九日, 柳赫然頓.

군사 조련을 파하고 돌아오는 길에 문득 편지를 받고 몸이 불편하시다는 것을 알았으니 몹시 걱정이 되었습니다. 순귀선順歸船[02]의 일은 완의完議[03]의 자리에서 고집할 수 없었다고 합니다. 일찍 길을 나서지 못하고 색리色吏[04]를 불러 물어보니 가까운 시일 안에 행하行下[05]하는 일이 있다고 하므로 그 심부름꾼을 시켜 행상行喪[06]하는 날에 거듭 보내도록 했습니다. 나머지는 말씀하신 대로 보내는 것이 어떻겠습니까? 서식을 펴지 않습니다. 삼가 살펴주십시오. 절하고 답장을 올립니다.

신해년(1671) 9월 9일
유혁연柳赫然 올림

해설

유혁연柳赫然(1616~1680)이 정무 처리와 관련한 일의 결과를 전하기 위해 보낸 편지이다.

유혁연의 자는 회이晦爾, 호는 야당野堂, 본관은 진주이다. 대대로 무신이었던 집안에서 자랐다. 1644년에 무과에 급제하여 1653년에 황해도 병마절도사를 지냈고 이완李浣과 함께 효종의 북벌계획에 참여하였다. 1656년 어영청 대장, 1670년 형조 판서, 1671년 부사직, 1676년 판의금부사를 지냈다. 시호는 무민武愍이다.

---

02 순귀선(順歸船) : 되돌아가는 배를 말한다.
03 완의(完議) : 해당 부서의 관원들이 전부 모여서 중대한 일에 대해 합의를 보는 일을 말한다.
04 색리(色吏) : 관청의 담당 관리를 말한다.
05 행하(行下) : 상전이 부리는 아랫사람에게 선물이나 돈을 주는 일을 말한다.
06 행상(行喪) : 죽은 사람을 관에 넣어 묘소로 가는 일을 말한다.

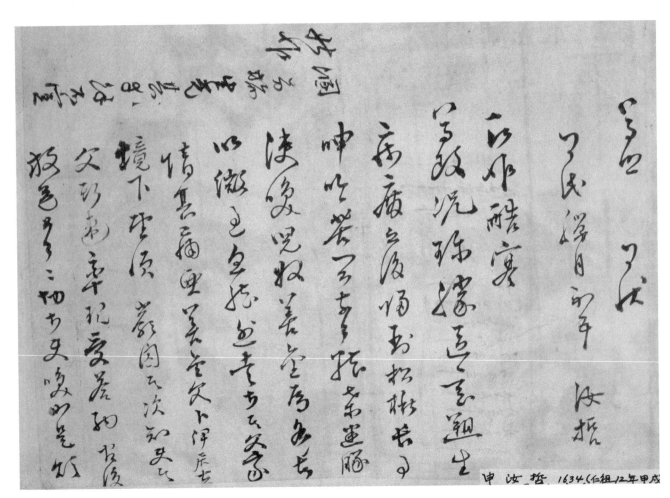

申汝哲 1634.(仁祖12年甲戌

卽惟酷寒, 尊政況珍勝, 區區慰溯. 生病廢之後, 歸到松楸, 長事呻吟, 苦悶柰何. 就希迷豚使喚兒奴, 善金爲名者, 以微過, 忽然逃走於其父家, 情甚痛惡. 善金父卜伊, 居在境下, 望須嚴囚其次知, 使其父斯速率現, 受答納官後救送, 如何如何. 切於使喚, 如是煩溷, 另施生光, 幸甚. 餘不宣. 姑惟尊照. 上狀.

甲戌臘月初五日, 汝哲.

혹독한 추위에 벼슬하시는 정황이 좋으시다니 위안되며 그립습니다. 저는 병이 든 후에 고향으로 돌아가 오래도록 신음하고 있으니, 고민해서 무엇하겠습니까.

드릴 말씀은 제 아들의 사환 노비[07] 선금이라 하는 아이가 조그마한 허물을 저지르더니 홀연 자기 아비 집으로 도망갔으니, 그 정상이 매우 나쁩니다. 선금의 아비 복이는 당신이 다스리는 경내에 살므로 그 차지次知[08]를 엄히 가두시고 그 아비로 하여금 아이를 데리고 나타나 노비의 신역을 다하겠다는 다짐을 받고 관청에 이 답을 봉납한 뒤에 보내 주시는 것이 어떠하십니까. 사환 노비가 간절하여 이와 같이 번거롭게 하니 특별한 은혜를 베풀어 주시면 다행이겠습니다. 나머지는 이만 줄입니다. 삼가 살펴 주십시오. 편지를 올립니다.

갑술년(1694) 12월 5일
여철

---

07 사환 노비 : 관청에 딸려 심부름하는 노비 또는 각 집안에 소속되어 경작과 집안의 일을 처리하며 노비이다. 여기서는 집안의 온갖 일을 맡는 노비로 추정된다.
08 차지(次知) : 여기에서는 노비들을 전담하여 관리하는 사람을 가리키는 듯하다.

해설

　도망간 노비 아이를 잡아 다시 보내 달라고 부탁하는 신여철申汝哲(1634~1701)의 편지이다. 편지의 수신인은 알 수 없다. 1694년 당시 신여철은 여러 차례 조정의 부름을 받았지만, 또 병이 들어 나갈 수 없다고 사직소를 여러 차례 올리던 때이다. 이때 신여철에게 내린 벼슬은 공조 판서, 판의금 등의 높은 관직이었다.

　신여철은 자가 계명季明, 호는 지족당知足堂, 본관은 평산이다. 원래 그는 문신 집안에서 자랐고, 효종 때는 성균관에 입학하였다. 그러나 효종이 북벌을 주창한 뒤 그는 유생들을 이끌고 무예를 닦았으며, 헌종 때 무과에 급제하였다. 그는 무관이 거칠 수 있는 여러 요직을 두루 거쳤다. 숙종 후기 병권을 장악한 무신 가운데 한 사람이었다.

필적유휘筆跡類彙 하下

초판 1쇄 인쇄 | 2019년 7월 1일
초판 1쇄 발행 | 2019년 7월 11일

엮은이 | 조홍진
옮긴이 | 김순석 김정민 김주부 이기훈

발행인 | 한정희
발행처 | 경인문화사
총괄이사 | 김환기
편집 | 김지선 유지혜 한명진
마케팅 | 전병관 하재일 유인순
출판번호 | 406-1973-000003호
주소 | 경기도 파주시 회동길 445-1 경인빌딩 B동 4층
전화 | 031-955-9300   팩스 | 031-955-9310
홈페이지 | http://www.kyunginp.co.kr
이메일 | kyungin@kyunginp.co.kr

ISBN | 978-89-499-4308-4 94910
       978-89-499-4306-0 (세트)
값 | 35,000원

ⓒ 2019 김순석, 김정민, 김주부, 이기훈

* 저자와 출판사의 동의 없는 인용 또는 발췌를 금합니다.
* 파본 및 훼손된 책은 구입하신 서점에서 교환해 드립니다.